吉林财经大学资助出版图书

高管变更与审计师风险应对

以上市公司为例

EXECUTIVE CHANGE AND AUDITOR RISK RESPONSE

LISTED COMPANIES AS AN EXAMPLE

张宁 著

社会科学文献出版社
SOCIAL SCIENCES ACADEMIC PRESS (CHINA)

摘　要

　　高质量的财务信息是资本市场正常且高效运作的先决条件。审计师作为上市公司与资本市场之间信息传递的监督者，其对财务报表真实性与可靠性的有力保障，可以降低投资者与上市公司之间的信息不对称程度，从而提高资本市场运行效率。由于上市公司的财务报告必须经过会计师事务所审计才能对外披露，审计质量对于上市公司财务信息的真实性具有很大的影响，因此高水平的审计质量才能有效保障资本市场财务信息的可靠性。然而，由于经常发生的财务丑闻和会计错报，审计师的角色和工作质量有时会受到质疑。

　　我国于2006年在《中国注册会计师审计准则》中确立了以风险导向为基础的审计模式，同时，相关法律监管与惩治制度也在不断完善。审计师由于出具不恰当审计意见而发生审计失败时会受到监管机构处罚并承担赔偿责任。因而，审计师需要对其出具的审计意见承担更大的责任，如果审计师出具不恰当的审计意见，不仅会影响资本市场中财务信息的真实性与可靠性，还会为自身带来很大的负面影响。审计师的审计业务风险源于企业的重大错报风险与经营风险。在现代风险导向审计模式下，审计师应当关注那些可能会威胁企业生产经营的事项与风险情境。只有当审计师能够识别出导致上市公司产生重大错报风险与经营风险的因素或情境，并对此在审计工作中加以有效应对时，才能降低自身的审计业务风险，保证审计质量，实现审计在资本市场中信息质量监督的功能。

导致上市公司产生重大错报风险与经营风险的因素或情境是复杂多变的。近年来，我国上市公司高管（董事长与总经理）变更较为频繁。高管变更不仅会带来企业盈余管理程度的提高，同时由于不同的高管人员在工作能力、教育背景、职场经验以及风险偏好等方面存在差异，还会导致企业战略调整程度加深，增大企业的经营风险。企业盈余管理程度与经营风险的增大会提高财务报表出现重大错报的可能性，不仅会降低企业的财务信息质量，还会增加审计师的审计业务风险。审计师作为资本市场中对上市公司财务报告进行独立鉴证的第三方，能否识别高管变更带来的审计业务风险，并加以有效应对以保证审计质量呢？目前尚缺少文献对此进行深入系统的研究。

基于实际审计业务过程与已有研究对审计师风险应对措施的理解，审计师风险应对措施体现在对审计收费、审计投入与审计意见类型的调整上。因此，本书围绕以下三个问题进行探讨：第一，上市公司高管变更是否会提高审计收费，即审计师能否识别高管变更带来的审计业务风险并提高审计收费；第二，高管变更是否会增加审计投入，即审计师在高管变更的审计业务中，如果收取了更多的审计费用，是会付出更多的审计工作努力以有效降低审计业务风险，还是仅仅将高收费作为风险升高后的经济补偿；第三，高管变更是否会促使审计师出具非标准无保留审计意见，即审计师在高管发生变更的风险情境下，最终能否发表恰当的审计意见以保证审计质量，降低自身的审计业务风险。

经过理论分析与实证检验，本书得出以下结论。①高管变更会显著提高审计师的审计收费。我国审计师在高管发生变更的审计工作中，由于审计业务风险升高，无论是增加审计工作还是收取更多的风险溢价，都会显著提高审计收费。②高管变更会显著增大审计师的审计投入。我国审计师在面对高管变更这一高风险情境时，遵循审计准则，在提高审计收费的同时确实会增加审计努力和审计时间，而不是仅为了风险补偿消极地提高审计收费。③高管变更促使审计师更多地出具非标准无保留审计意见。审计师在识别上市公司高管发生变更带来的风险时，会增加审计投入，这一做法是有效的，并最终反映在出具更为谨慎的非标准无保留审计意见上。④进一步分析发现，审计师对非国有、内控质量水平低、市场势力弱的上市公司发生的高管变更会采取更为严格的风险应对，体现为更显著地提高审计收费、加大审计投入以及出具非标准无保留审计意见；媒体关注度会影响审计师在高管变更业务中对审计收费与审计投入的调整，但并不会影响审计师出具的审计意见。⑤在路径分析中，发现企业的盈余管理程度与战略调整程度在高管变更影响审计师风险应对的关系中均起到了部分中介效应。

基于上市公司高管变更对审计师风险应对影响的理论分析与实证检验，本书提出以下政策建议。首先，上市公司在高管人员变更后，应注重对高管人员的监督，有效发挥公司独立董事职能以约束高管人员的利润操纵行为，保证自身财务信息质量，降低审计师对其评估的风险，从而降低高管变更给公司带来的不利影响。对于审计师而言，应当对上市公司可能引发重大错报的风险情境给予高度关注，从而进行有效应对以降低自身的审计业务风险。其次，投资者在进行投资决策时，应当考虑高管变更这类风险事件给财务报告信息质量带来的影响，同时根据审计师的收费调整与出具的审计意见类型等其他相关信息，做出恰当的投资决策。最后，监管部门应当继续完善上市公司信息披露制度，加强对其合法合规的监督，同时还要对会计师事务所的审计工作质量进行有力监管，加大对审计不当行为的惩治力度。

Abstract

High-quality financial reporting information is a prerequisite for the normal and efficient operation of the capital markets. As the supervisor of information transmission between listed companies and the capital market, the auditor's strong guarantee of the authenticity and reliability of financial statements can reduce the degree of information asymmetry between investors and listed companies, thus improving the operation efficiency of the capital market. Since the financial report of a listed company must be audited by an accounting firm before it can be disclosed to the public, the audit quality has a great impact on the authenticity of the financial information of the listed company, and a high level of audit quality can effectively guarantee the reliability of the financial information in the capital market. However, the role of auditors and the quality of their work are sometimes questioned due to the frequent financial scandals and accounting misstatements.

In 2006, China established a risk-oriented audit model in the Chinese Certified Public Accountant Auditing Standards, and at the same time, the relevant legal supervision and punishment system is constantly improved. The auditor issued an inappropriate audit opinion if the audit failure will be punished by the regulatory authorities and be liable for compensation. Therefore, auditors need to assume greater responsibility for the audit opinions issued. If the auditor issues inappropriate audit opinions, it will not only affect the true reliability of financial information in the capital market, but also bring great negative impact to themselves. The audit business risk of the auditor comes from the major misstatement risk and operation risk of the enterprise. Under the modern risk-oriented auditing model, auditors should pay attention to those matters and risk scenarios that may threaten the production and operation of the enterprise. Only when auditors can identify the factors or situations that lead to major misstatement risks and operational risks of listed companies, and deal with them effectively in the audit work, can they reduce their own audit business risks, ensure audit quality, and realize the function of information quality supervision of auditing in Capital Market.

The factors or situations that can lead to major misstatement risk and operating risk of listed companies are complex and changeable. In recent years, the executive (chairman and general manager) of listed companies have changed frequently. The executive change will not only bring about the improvement of the earnings management level of enterprises, but also lead to the increase of strategic adjustment degree of enterprises and the increase of business risks due to the differences in working ability, educational background, career experience and risk pre-ference of different executives. The increase of enterprise earnings management degree and operating risk will improve the possibility of material misstatement in financial statements, and they not only reduce the quality of financial information of enterprises, but also increase the audit business risk of auditors. Auditors, as an independent third party to verify the financial reports of listed companies in the capital market, can they identify the audit business risks caused by the executive change and effectively deal with them to ensure the audit quality? There is currently a lack of literature on this in-depth study.

Based on the actual audit business process and the understanding of the auditor's risk response measures from existing research, the auditor's risk response measures are reflected in the adjustment of audit fees, audit input and audit opinion types. Therefore, this book discusses the following three issues: Firstly, whether the executive change of listed companies will increase the audit fees, that is, whether the auditor can identify the audit business risks caused by the executive change and increase the audit fees. Secondly, whether the executive change will increase the audit investment, that is, if the auditor charges more audit fees in the audit business of the change of senior management, whether they actively carry out more audit work efforts to effectively reduce the audit business risk, or the high fees only become the economic compensation after the increased risk. Thirdly, whether the executive change will encourage the auditor to issue non-standard unqualified audit opinions, that is, whether the auditor can finally issue appropriate audit opinions to ensure the audit quality and reduce their own audit business risks under the risk situation of executive change.

After theoretical analysis and empirical test, the findings of this book are as follows. ①Executive Change can significantly increase the auditor's audit fees. When executive change, due to the increased risk of the audit business, whether auditors increase audit work or charge more risk premiums, audit fees will increase significantly. ②When faced with the high-risk situation of executive change, auditors followed auditing standards and increased audit effort and audit time while increasing audit fees, rather than passively increasing audit fees just for risk compensation. ③Executive change have prompted auditors to issue more non-standard unqualified audit opinions. When auditors identify the risks brought about by changes in the top management of listed companies, they will increase audit input, which is effective and ultimately reflected in issuing more cautious non-standard unqualified audit opinions. ④Further analysis found that auditors will take more stringent risk response to the executive change of listed companies that are not state-owned, have low internal control quality, and have weak product market power, which is reflected in more significant increases in audit fees, increased audit investment, and issuance of Non-standard unqualified audit opinion; media attention will affect the auditor's adjustment of audit fees and audit input in the executive change business, but will not affect the audit opinion issued. ⑤In the path analysis, the results show that the earnings management and the degree of strategic adjustment play a partial intermediary effect in the relationship between the executive change affecting the risk response of the auditors.

Based on the theoretical analysis and empirical test of the impact of the executive change of listed companies on auditors' risk response, the main suggestions of this book are as follows: Firstly, after the executire change, listed companies should pay attention to the supervision of senior executives and effectively exert the company's governance system, so as to restrain the profit manipulation behavior of senior executives, ensure the quality of their own financial information, reduce the risk of auditors to them, and ultimately reduce the adverse impact of executive change on the company. Auditors should pay close attention to the risk scenarios that may lead to material misstatements of listed companies, so as to respond effectively to reduce their own audit business risks. Secondly, when making investment decisions, investors should consider the impact of risk events such as executive change on the quality of financial report information, and at the same time, based on the auditor's fee adjustment, the type of audit opinion, and other relevant information to make appropriate investment decisions. Finally, the regulatory authorities should continue to improve the information disclosure system of listed companies, increase the supervision of the legal compliance of listed companies, and at the same time, strengthen the supervision of the audit work quality of accounting firms, and improve the punishment of audit misconduct.

目　录

第一章　绪论 ······ 1
第一节　研究背景 ······ 1
第二节　研究意义 ······ 7
第三节　研究框架与研究内容 ······ 10
第四节　相关概念界定 ······ 13
第五节　研究方法 ······ 19
第六节　研究创新 ······ 21

第二章　文献综述 ······ 23
第一节　高管变更的经济后果 ······ 23
第二节　审计收费的影响因素 ······ 30
第三节　审计投入的影响因素 ······ 36
第四节　审计意见的影响因素 ······ 39
第五节　文献评述 ······ 43
第六节　本章小结 ······ 45

第三章　理论基础 ······ 47
第一节　委托代理理论 ······ 47
第二节　信息不对称理论 ······ 50
第三节　高阶理论 ······ 53
第四节　审计保险理论 ······ 55

第五节　本章小结 …………………………………… 57

第四章　上市公司高管变更对审计收费的影响研究 …………… 59
　　第一节　理论分析与研究假设 ……………………… 59
　　第二节　研究设计 …………………………………… 64
　　第三节　实证结果分析 ……………………………… 69
　　第四节　进一步分析 ………………………………… 80
　　第五节　本章小结 …………………………………… 95

第五章　上市公司高管变更对审计投入的影响研究 …………… 97
　　第一节　理论分析与研究假设 ……………………… 97
　　第二节　研究设计 …………………………………… 103
　　第三节　实证结果分析 ……………………………… 108
　　第四节　进一步分析 ………………………………… 119
　　第五节　本章小结 …………………………………… 129

第六章　上市公司高管变更对审计意见的影响研究 …………… 131
　　第一节　理论分析与研究假设 ……………………… 131
　　第二节　研究设计 …………………………………… 137
　　第三节　实证结果分析 ……………………………… 142
　　第四节　进一步分析 ………………………………… 152
　　第五节　本章小结 …………………………………… 164

第七章　研究结论、政策建议及研究局限和展望 ……………… 165
　　第一节　研究结论 …………………………………… 165
　　第二节　政策建议 …………………………………… 168
　　第三节　研究局限和展望 …………………………… 172

参考文献 …………………………………………………………… 174

第一章 绪论

本章作为研究开端,主要介绍了本书的研究背景和研究意义,阐明了研究内容与研究方法,构建了本书的基本研究思路和框架,为后续研究的开展做铺垫。

第一节 研究背景

一 现实背景

资本市场不仅是金融市场的重要组成部分,更是国民经济的晴雨表(蔡则祥和武学强,2016)。资本市场的有效运行可以促进经济的转型与发展(雷禹和王钰娜,2014)。习近平总书记在党的十九大报告中明确指出要深化金融体制改革,增强金融服务实体经济能力,提高直接融资比重,促进多层次资本市场健康发展。高质量的财务信息是资本市场正常且高效运作的先决条件(钱红光和陶雨萍,2013)。有效传递充分且真实的财务信息是资本市场发挥资源配置功能的重要保证。这是由于投资者、债权人等市场参与者与企业之间存在着信息不对称,市场参与者通过公开渠道所获得的企业信息往往是有限的。为了更加全面了解上市公司的实际情况,做出更有效的决策,投资者会尽可能多地收集相关信息资料。由于上市公司财务报告的强制对外披露制度,投资者等市场参与者很大程度上收集的就是企业的财务报表信息。上市公司资产规模、负债水平、现金流量及盈利情况等财务信息成为投资者等利益相关者进行相关决策的重要依据。所以，真实可靠的财务信息成为资本市场有效运行的关键（钱红光和陶雨萍，2013）。上市公司和投资者之间的信息差异和相互冲突导致的信息问题，会影响资本市场的资源配置效率（毛新述等，2013）。近年来频频爆出的企业盈利操纵、财务造假事件不仅对资本市场稳定健康发展产生不利的影响，甚至给社会稳定乃至整体经济发展都带来巨大的负面影响。

我国审计师（注册会计师）作为资本市场财务信息质量的监督者，为企业的财务报告提供增信，从而间接地服务于企业股东、整个资本市场的投资者及其他市场参与者，降低公司与其投资者、债权人和其他利益相关者之间的信息不对称程度，以维护资本市场的健康运行，提高资源配置效率（范卓玮和解维敏，2017）。上市公司的财务报告必须经过会计师事务所审计才能对外披露，因此，审计质量对于上市公司财务信息的真实可靠性具有很大的影响，高水平的审计质量才能有效保障资本市场财务信息的可靠性。然而，由于经常发生的财务丑闻和会计错报，审计师的角色和工作质量有时会受到质疑（李羽西，2018）。

事实上，我国于 2006 年在《中国注册会计师审计准则》（以下简称《审计准则》）中就已经确立了以风险导向为基础的审计模式，同时，相关法律监管与惩治制度也在不断完善。在这样的背景下，审计师需要对自己出具的审计意见承担更大的责任。一方面体现在，如果审计师由于出具不恰当审计意见而引发审计失败，会被监管机构处罚并承担赔偿责任；另一方面体现在，如果上市公司经营失败，审计师无论是否出具恰当的审计意见，都可能会被投资者起诉要求赔偿（郝玉贵和陈丽君，2013；翟胜宝等，2017）。例如，在康美药业财务造假案中，由于审计师审计失败，其所在的广东正中珠江会计师事务所被监管机构处罚 5700 万元，同时被判与上市公司等相关责任人承担对投资者的连带赔偿责任，金额高达 24.59 亿元。① 因而，如果审计师出具不恰当的审计意见，不仅会影响资本市场中财务信息的真实可靠性，还会为自身带来很大的负面影响。

为什么在出具不恰当审计意见会致使审计失败并使审计师自身遭受严重损失的情况下，企业财务造假事件依然频出呢？一方面是由于审计师的审计工作是基于抽样方法进行的，不可能百分之百地对所有相关事项进行审计。同时，引发企业财务报告重大错报的风险因素是复杂多变的，因而审计师有可能在进行审计工作后依然未发现重大错报，发表不恰当审计意见，这也正是审计风险的来源。另一方面则是出于经济利益的考虑，审计师虽然在监管机构的监督下进行审计活动，但其对上市公司的财务报告进行审计本质上是一种审计服务提供行为，而且我国审计市场行业竞争相对激烈，一些审计师为了维护客户关系并得到足够的经济补偿，在认为审计失败可能性较低的时候，会出现向审计客户妥协，导致发表不恰当审计意见的情况，即审计意见购买现象（李青原和赵艳秉，2014）。这意味着只有当审计师能够识别出导致上市公司产生重大错报风险与经营风险的因素或情境，遵循审计准则与职业道德，在审计工作中进行更多的审计投入以有效应对时，才能降低自身的审计业务风险、保证审计质量，进而确保审计在资本市场中的信息质量监督功能。

基于以上分析，研究审计师的风险应对行为是具有重要现实意义的。审计师作为对上市公司财务报告进行独立鉴证的第三方，通过进行充分的审计工作并出具恰当的审计意见从而保证审计质量，对资本市场的资源配置效率乃至我国整体经济的稳定发展具有重要意义。审计师在审计工作中，其审计业务风险来源于上市公司的重

---

① http://henan.china.com.cn/m/2021-11/18/content_41794662.html.

3

大错报风险与经营风险,而能够导致上市公司产生重大错报风险与经营风险的因素或情境是复杂多变的。因此,研究审计师能否识别导致审计业务风险的因素或情境,并根据《审计准则》的要求进行有效应对,从而保证审计质量,具有重要的现实意义。

二 理论背景

现有文献对审计师风险应对行为影响因素的研究,主要是从企业层面的公司规模(Taylor and Baker, 1981)、盈利情况(蔡吉甫,2007)、经营风险(张继勋和徐奕,2005;李嘉明和杨帆,2016;文雯等,2020)、盈余管理(伍利娜,2003)、公司治理(Carcello et al., 2002;翟胜宝等,2017)等,事务所层面的事务所规模(Craswell et al., 1995)、事务所市场竞争力(程璐和陈宋生,2016),外部环境层面的经济环境(张天舒和黄俊,2013)、制度环境(Seetharaman et al., 2002;戴文涛等,2017;魏娇,2017)等方面展开的。在这些影响因素中,外部环境与事务所层面的相关研究相对完善。企业层面因素的探讨则更有助于明确企业发生不同风险情境对审计师风险应对行为的影响。在企业层面,由于高管(董事长与总经理)作为负责制定企业战略规划与重大经营决策的权力核心,现有文献主要从高管股权激励(邵剑兵和陈永恒,2018)、高管学术经历(沈华玉等,2018)、高管审计背景(张俊民和胡国强,2013)、高管从军经历(权小锋等,2018)、高管性别(林丽萍和余佩斯,2017)几个方面对审计师风险应对行为的影响进行了研究。然而,这些研究鲜有涉及高管变更。由于高管在公司决策中的绝对地位,其变更被视为企业的重大事件(Bills et al., 2017)。已有研究认为高管变更会影响企业战略目标(Liu et al., 2012;刘鑫和薛有志,2015)、经营决策(Harrison and Fiet, 1999;Du and Lin, 2011)、财务政策(Pan et al., 2018)、公司绩效(Adams and Mansi, 2008;田晓霞和程秀生，2006)、盈余管理 (DeFond and Park，1997；杜兴强和周泽将，2010；林永坚等，2013)。总结而言，现有研究主要集中在高管特征对审计师风险应对行为的影响。高管变更作为企业的重大事件，对企业战略目标、经营决策、财务政策、公司绩效以及盈余管理都具有一定的影响。所以，高管变更会使得企业的财务信息质量下降，进而提高审计师的审计业务风险，审计师对此能否加以识别并采取有效应对措施呢？现有文献忽视了对此方面的研究，这就为本书深入研究审计师能否以及如何对高管变更带来的审计业务风险进行有效应对提供了一定空间。

近年来，我国上市公司高管变更较为频繁，高管作为公司决策的权力核心，其变更必然会给公司带来一定的影响，但关于高管变更为企业带来的影响是正面的还是负面的，学术界并未达成一致意见。一部分研究认为继任高管会加大企业的研发投入进而增强企业的创新能力 (韩洁等，2015)、降低股价崩盘风险 (赵保国和王琨，2021)、提高企业绩效 (陈健等，2006)；另一部分研究却发现高管变更后，继任高管由于其短视行为会减少研发投入 (王进朝和张永仙，2019)、引发融资约束与非效率投资问题 (张巧良和刘欣佳，2014)、降低企业绩效 (姬美光和王克明，2008)。这是由于高管变更会促使企业的战略发生变化 (Ndofor et al.，2009；刘鑫和薛有志，2015)，而企业战略的调整会涉及多方面经营决策的改变，这种改变本身就具有不确定性。因此，高管变更给公司经营带来的是有利影响还是不利影响并不能一概而论。但是，无论高管变更给上市公司经营带来的影响如何，由于高管人员变更导致的战略调整乃至涉及的多方面经营决策的变化，很可能会降低企业的财务信息质量，增加财务报告存在重大错报的可能性 (李莎等，2019)。同时，由于继任高管上任年度企业的盈余贡献归属较为模糊，继任高管存在利用盈余管理手段向下调减利润并把责任归咎于前任高管的可能性，这能为自己未来年度的利润创造提升空间（林永坚等，2013）。这种盈余操纵行为会扭曲会计信息，增加公司财务报告信息的错报风险。我国审计师在对上市公司财务报告进行审计的工作时，根据《审计准则》中以风险导向为基础的审计模式，应当重点关注上市公司那些会影响财务报告信息质量、引发重大错报风险的因素与情境。审计师只有对这些风险因素与情境给予高度的关注并识别，才能在此基础上，对由此带来的重大错报风险做出有效应对，以降低自身的审计业务风险，保证审计质量，最终实现其对资本市场财务信息质量的监督功能。因此，研究高管变更对审计师风险应对行为的影响，以明确我国审计师能否有效识别高管变更这一会引发财务报告重大错报风险与经营风险的因素与情境，进而能否对其进行有效应对是非常重要的。但已有文献忽视了对高管变更与审计师风险应对二者关系的考察。因此，本书对审计师能否识别高管变更带来的高风险并进行有效应对进行全面系统的探讨。

委托代理理论与信息不对称理论认为，代理人为了追求个人利益，会通过改变会计政策选择等方式对企业盈余进行操纵。尤其作为上市公司权力核心的高管（董事长与总经理），在其变更前后存在明显的盈余操纵行为。前任高管为获得更多的经济利益以及市场声誉，有动机对公司业绩进行正向的盈余管理（杜兴强和王丽华，2007）。继任高管在上任年份可能通过盈余管理进行利润调减，这样可以将业绩不善的责任归咎于前任高管；而在上任后一年里，则会进行向上的盈余管理调增利润，以证实其经营才能强于前任高管（Pourciau，1993；朱星文等，2010）。高管变更会带来企业盈余管理程度提高，进而影响审计师的审计风险。高阶理论认为不同的高管人员在工作能力、教育背景、职场经验以及风险偏好等方面存在很大差异（Hambrick and Mason，1984）。高管变更通常会导致公司战略目标与经营决策的改变（刘鑫和薛有志，2015；曾军等，2020），增大企业的经营不确定性。企业经营风险升高不仅会提高重大错报风险进而提高审计师的审计风险（粟立钟等，2019），还会增加审计师的业务风险（翟胜宝等，2017）。

基于以上分析，上市公司高管变更会降低企业财务信息质量，提高审计师的审计业务风险。审计师作为资本市场中对上市公司财务报告进行独立鉴证的第三方，能否识别高管变更带来的审计业务风险，并加以有效应对以保证审计质量呢？基于实际审计业务过程与学者们对审计师风险应对行为的理解，审计师风险应对措施体现在对审计收费、审计投入与审计意见类型的调整上。因此，本书围绕以下三个问题展开：第一，上市公司高管变更是否会提高审计收费，即审计师能否识别高管变更带来的审计业务风险并提高审计收费；第二，高管变更是否会增加审计投入，即审计师在高管变更的审计业务中，如果收取了更多的审计费用，是会付出更多的审计工作努力以有效降低审计业务风险，还是仅仅将高收费作为风险升高后的经济补偿；第三，高管变更是否会促使审计师出具非标准无保留审计意见，即审计师在面对高管发生变更时，最终能否发表恰当的审计意见以保证审计质量，降低自身的审计业务风险。

第二节　研究意义

资本市场是一个信息驱动的市场，高质量的财务报告信息是资本市场正常且高效运作的先决条件。我国审计师作为资本市场财务信息质量的监督者，为企业的财务报告提供增信，可以降低公司与其投资者、债权人和其他利益相关者之间的信息不对称程度，维护资本市场的健康运行，提高资源配置效率。上市公司高管作为企业的最高决策者，负责企业总体的发展战略与重大经营决策，企业绝大多数导致错报与经营风险升高的因素或情境与高管的决策密切相关。高管作为公司决策的关键和权力主体，发生变更后，必然会带来公司在战略规划与经营决策等方面的重大变化，同时可能会降低企业财务信息质量。考察作为进行独立鉴证第三方的审计师，在面对发生高管变更的审计业务时，能否有效应对高管变更带来的较高审计业务风险进而保证审计质量，具有一定的理论意义与现实意义。

一　理论意义

（1）从高管变更角度丰富审计师风险应对影响因素的相关文献。审计师作为对资本市场中上市公司财务信息进行独立鉴证的第三方，能否识别上市公司的财务报表错报风险并加以有效应对，以降低审计业务风险、保证审计质量，对于资本市场的稳定发展是非常重要的。上市公司高管作为企业经营决策乃至发展战略的制定者，其行为会对企业的经营和发展产生直接作用，并产生较高的盈余管理与经营风险。本书基于高管变更带来的错报风险与经营风险，从理论和实证两个角度分析并检验了高管变更对审计收费、审计投入以及审计意见类型的影响，以明确审计师能否对高管变更带来的审计业务风险加以识别和有效应对，丰富了审计师风险应对影响因素的相关研究。

（2）拓展上市公司高管变更经济后果的研究领域。高管变更作为公司的重大事件，对其后果的已有研究主要集中在公司自身，如战略规划、经营决策、财务政策、盈余管理、公司业绩以及股价波动等方面。研究高管变更对公司外部利益相关者尤其是对审计师行为的影响同样具有重要意义。本书系统地考察了上市公司高管变更对审计收费、审计投入与审计意见的影响，明确了上市公司发生高管变更时，审计师对这一事件的行为反应。本书的研究丰富了上市公司高管变更经济后果的相关文献。

二 现实意义

（1）帮助上市公司明确高管发生变更时带来的影响以更好地实现公司治理。公司高管变更后，外部审计师基于公司高管变更带来的审计业务风险会提高审计收费、出具非标准无保留审计意见。对于上市公司来讲，审计费用的提高会增加其费用支出，降低净利润。同时，审计师对其财务报表出具的非标准无保留审计意见在资本市场上是具有信号传递功能的，非标准无保留审计意见意味着上市公司的财务信息质量较低，并且可能存在影响公司经营发展的因素，影响债权人、投资者等利益相关者对其的评价。本书的研究有助于上市公司理解高管变更对审计行为的影响，并可以通过改变内控质量等公司治理监督方式，提高财务信息质量，以降低审计师的风险感知，从而缓解高管变更为公司带来的不利影响。

（2）帮助审计师明确在上市公司发生高管变更的审计业务中，如何更加有效地降低审计业务风险，保证审计质量。本书实证结果表明高管作为上市公司的主要决策者，其变更会使得企业盈余管理程度与战略调整程度升高，引发财务报表错报风险与经营风险。在风险导向的审计模式下，审计师遵循审计准则的要求本就应当了解上市公司的战略目标与经营风险，全面了解被审计单位的经营环境，从而评估上市公司的重大错报风险并进行适当充分的审计工作，出具恰当的审计意见。因而，本书的研究有利于审计师进一步明确在高管发生变更的审计业务中如何更好地进行审计工作，降低审计业务风险并保证审计质量。

（3）为投资者的投资决策提供一定的参考依据。由于高管发生变更的企业在战略规划、创新投资与资产重组等经营决策、财务政策、公司业绩以及股价波动等方面会有一定的改变，而投资者本身并不能完全了解上市公司的行为以及财务报表信息质量。那么，依据本书的研究，投资者通过上市公司审计费用与财务报告审计意见类型的改变，可以对上市公司风险情况与财务信息质量做出更为确切的评判，进而作为其投资决策的参考依据。

（4）为政府等相关机构完善对上市公司、会计师事务所和审计师的监管政策提供理论支撑。本书通过对高管变更与审计师风险应对关系的理论分析与实证检验，明确了高管变更会导致低质量的财务信息，审计师在面对高管变更这一风险情境时，遵循了审计准则的要求，在提高审计收费的基础上加大了审计工作投入，出具了更为严格的审计意见。本书的研究为监管机构进一步完善对上市公司财务信息披露与审计质量的监管政策提供了一定的理论依据。

第三节 研究框架与研究内容

一 研究框架

高管作为公司战略的制定者与经营发展的掌舵者，其变更会导致公司在盈余管理与战略决策方面发生重大改变，使得公司的经营风险升高，财务信息质量下降。审计师作为上市公司与资本市场之间信息传递的监督者，应当对财务报表真实性与可靠性提供有力保障，审计师能否识别高管变更带来的风险并加以有效应对需要进一步研究。本书在已有研究的基础上，采用理论分析与实证检验相结合的研究方法，遵循"背景分析—文献梳理—理论分析与假设提出—样本筛选与数据收集—实证分析—形成结论—提出政策建议"的研究思路进行逐步深入分析与探讨，构建研究框架，如图1.1所示。

二 研究内容

本书首先对国内外高管变更与审计师风险应对行为（审计收费、

第一章 绪论

提出问题
```
         绪论
  ┌───────┼───────┬───────┐
研究背景 研究意义 概念界定 研究创新
```

分析问题
```
              文献综述
  ┌─────────────┼─────────────┬─────────────┐
高管变更的经济后果 审计收费的影响因素 审计投入的影响因素 审计意见的影响因素
```

```
              理论基础
  ┌─────────────┼─────────────┬─────────────┐
委托代理理论   信息不对称理论   高阶理论      审计保险理论
```

实证分析
```
              实证研究
  ┌─────────────┼─────────────┐
上市公司高管变更对 上市公司高管变更对 上市公司高管变更对
审计收费的影响研究 审计投入的影响研究 审计意见的影响研究
```

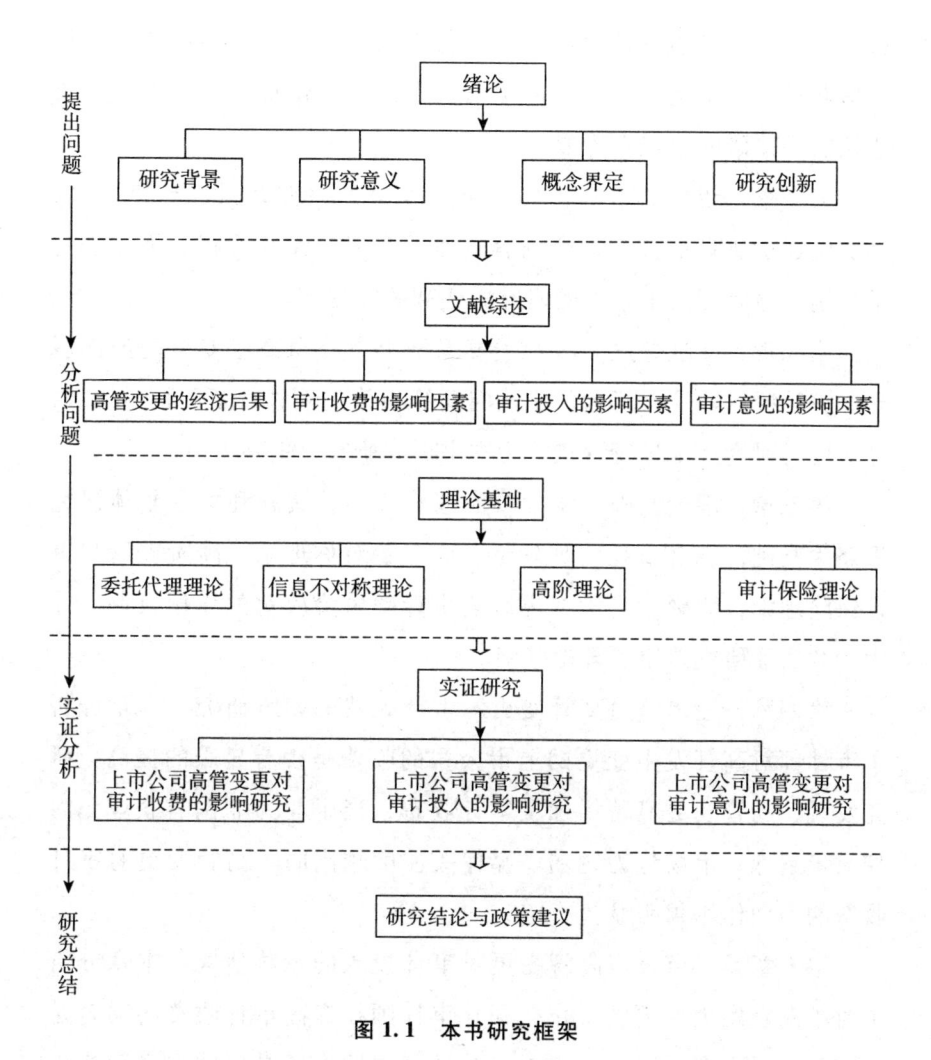

研究总结
```
    研究结论与政策建议
```

图 1.1 本书研究框架

审计投入和审计意见）的相关文献进行了梳理，明确了研究视角。基于委托代理理论、信息不对称理论、高阶理论和审计保险理论，分别研究了高管变更对审计收费、审计投入和审计意见的影响，并进一步考虑了产权性质、内控质量、市场势力和媒体关注度等企业异质性因素对高管变更与审计师风险应对关系的调节效应。同时，在理论分析梳理出高管变更通过提高企业的盈余管理程度与战略调

11

整程度，进而影响审计师风险应对行为的基础上，运用中介效应模型对此进行了实证检验。最后本书根据研究结论提出了相应的政策建议。具体研究内容安排如下。

第一章，绪论。本章主要介绍了本书的研究背景和研究意义，其次阐述了研究框架与研究内容，然后对书中涉及的相关概念进行了界定，最后指出了本书的研究方法和研究创新。

第二章，文献综述。本章主要围绕上市公司高管变更的经济后果和审计师风险应对行为的影响因素等相关文献进行了回顾与梳理，并对已有研究文献进行评述，为本书后续研究奠定基础。

第三章，理论基础。本章以梳理前人相关文献和本书整体研究思路为基础，结合委托代理理论、信息不对称理论、高阶理论与审计保险理论，明确了高管变更影响审计师风险应对的作用机制，并为后续实证研究奠定了理论基础。

第四章，上市公司高管变更对审计收费的影响研究。本章分析了审计师对高管发生变更的上市公司的收费是否有显著的提高。研究发现，高管变更显著增加了审计收费，当企业为非国有企业、内控质量越低、市场势力越弱、媒体关注度越高时，高管变更对审计收费的增加作用越明显。

第五章，上市公司高管变更对审计投入的影响研究。本章分析了对于高管发生变更的上市公司，审计师在提高审计收费的同时是真实付出了更多的努力以应对审计业务风险，还是仅收取高额费用作为风险补偿。研究发现，上市公司高管变更显著提高了审计师的审计投入，并且当企业为非国有企业、内控质量越低、市场势力越弱、媒体关注度越高时，高管变更对审计投入的提高作用越明显。

第六章，上市公司高管变更对审计意见的影响研究。本章分析了对于高管发生变更的上市公司，审计师出具非标准无保留审计意见的概率是否有显著的提高。研究发现，高管变更显著增加了审计师出具非标准无保留审计意见的概率，当企业为非国有企业、内控质量越低、市场势力越弱时，高管变更对审计师出具非标准无保留审计意见的促进作用越明显。

第七章，研究结论、政策建议及研究局限和展望。本章系统梳理了上市公司高管变更对审计师风险应对影响的研究思路和内容，总结归纳出主要研究结论，并结合实际有针对性地提出了相应的政策建议，指出了本书的研究局限，提出了未来的研究方向。

第四节　相关概念界定

一　高管变更

1. 高管人员定义

本书的高管人员指上市公司关键职位高管，即董事长与总经理。Hambrick 和 Mason（1984）最早提出了高管层的概念，认为高管是公司内部管理层的所有高级经理人员的组合。我国《公司法》具体界定了高管人员的范围，包括公司的经理、副经理、财务负责人、董事会秘书以及公司章程中所规定的其他人员。由于本书的研究重点在于高管变更对审计师风险应对行为的影响，相比于其他人员，董事长与总经理作为公司战略规划与实际经营决策的制定者与权力核心（Westphal and Fredrickson，2001），其变更往往会使得公司在战略调整、创新投资、盈余管理与财务政策等经营决策方面产生重大变化，进而给企业的财务报表信息质量带来一定的影响（刘鑫和薛有志，2015；李莎等，2019；王进朝和张永仙，2019）。因而，将高管界定为董事长与总经理更符合本书的研究目的。同时，在学术研究中，学者们在研究高管变更的经济后果时，国外学者通常将CEO作为高管的主要研究对象（Weisbach，1995；Hornstein，2013；

Gao et al.，2012），这主要是由于国外企业的 CEO 职位是企业权力的核心。国内绝大多数学者将董事长与总经理作为研究对象（赵震宇等，2007；游家兴等，2010），这是由于我国特殊的经济制度。国外企业 CEO 的权力在我国公司中分属于董事长和总经理，董事长和总经理对公司的战略规划和经营决策以及公司的业绩、成长发展情况负有最直接的责任，尤其是在国有企业中，董事长是代表"国家"管理和执行企业事务的代理人，主要负责制定企业发展战略和把握企业前进方向（赵震宇等，2007），而我国上市公司有一半左右为国有企业。因此，本书最终将高管人员定义为上市公司的董事长和总经理（赵震宇等，2007；游家兴等，2010）。

2. 高管变更定义

高管变更是指公司高管人员离任和继任行为的总称，是公司所有者对经营者重新选择的结果，高管变更是公司治理内外部机制对公司权力拥有者重新配置的行为。本书的高管变更指上市公司董事长与总经理至少一个或者同时发生变更（赵震宇等，2007；游家兴等，2010；王爱群等，2021）。

二 审计业务风险

审计业务风险是指与审计师开展特定审计业务相联系的风险，包括审计风险与业务风险（翟胜宝等，2017；栗立钟等，2019）。其中，审计风险是指客户财务报告中存在重大错报或漏报，而审计师经审计后发表不恰当审计意见的可能性。审计风险强调审计师因未发现（未报告）客户财务报告中的重大错报而遭受损失的风险。例如，管理层可能会因为个人私利而进行盈余操纵，若审计师因未发现（未报告）管理层的此种行为而出具标准无保留审计意见，则一旦审计失败审计师可能被监管机构处罚，并可能遭到受损失的有关方面的起诉。

业务风险是指由于被审单位财务状况不佳或经营业绩较差而提高外部审计师面临的诉讼风险和遭受预期声誉、业务损失的风险（朱小平和叶友，2003；粟立钟等，2019）。业务风险强调因客户经营状况欠佳而导致审计师被牵连并遭受损失的风险，即便审计师已经完全按照审计准则和法律法规的要求执行了必要的审计程序，出具了恰当的审计意见（胡春元，2001；翟胜宝等，2017；粟立钟等，2019）。在这种情况下，如果审计师遵循了审计准则，出具的审计意见是恰当的，他们通常不会被判赔偿投资者的损失，但是由于产生了诉讼，诉讼的费用与其带来的声誉损失对审计师来说也是一种潜在的风险。

三 审计师风险应对

审计师风险应对是指审计师在进行审计业务工作中，对识别出的审计业务风险所采取的应对措施（粟立钟等，2019；文雯等，2020），主要包括提高审计收费、加大审计投入与出具非标准无保留审计意见（翟胜宝等，2017；沈璐和陈祖英，2020）。

提高审计收费、加大审计投入与出具非标准无保留审计意见这三种策略彼此间有着密切的联系，具有联动效应，并贯穿于审计业务始终。将审计收费、审计投入和审计意见整合在一个框架内进行研究，能够更全面、系统地理解某一情境对审计师行为的影响（沈维成，2019）。具体而言，审计业务的开展始于审计师与上市公司签订审计业务约定书，终止于审计师对上市公司的财务报告出具审计报告。审计业务开展前，在以风险导向为基础的审计模式下，审计师会初步了解被审计单位的情况，包括企业的业务性质、经营规模、所属行业等基本情况；经营情况和经营风险；组织结构和内部控制等情况。审计师在初步了解与评估被审计单位后会与其签订审计业务约定书，根据对企业基本情况的了解，确定审计收费。如果审计师了解到上市公司存在风险事件并对其审计工作产生影响时，首先在签订审计业务约定书时会对审计收费的金额加以调整。这是由于审计收费既包括对将要进行的审计工作投入的经济补偿，还包括对审计业务风险升高而收取的风险溢价（Simunic，1980）。因而，在审计业务开展之初，如果审计师感知到了较高的审计风险，首先会考虑提高审计收费。在审计业务约定书签订后，审计师会进入对上市公司财务报告审计的工作过程。审计师应当遵循审计准则的要求，通过一系列的审计程序获取充分适当的审计证据，以保证最终能够出具恰当的审计意见。也就是说，审计师如果感知到了上市公司的风险事件或风险因素的存在，如果遵循审计准则的要求，在决定收取更高的审计费用后，应当进行更多的审计努力，耗费更多的审计时间以有效识别重大错报。在进行了充分适当的审计工作后，审计师会对上市公司的财务报告出具审计意见，它是审计师降低审计业务风险的最终手段。这是由于非标准无保留审计意见可以增强被诉讼时的抗辩能力，减轻自身所承担的法律责任。由此可知，当审计业务风险升高时，审计师可以通过采取提高审计收费、加大审计投入与出具非标准无保留审计意见这三种措施，达成有效降低审计风险的目的。

值得说明的是，审计收费的提高存在两种情况：第一种情况，审计工作投入加大收取的经济补偿与审计师对升高的审计业务风险收取的风险溢价（少量）；第二种情况，审计收费的提高均是风险溢价，即审计师不会加大审计工作投入以降低升高的风险，而是仅收取更多的风险溢价作为风险升高的补偿，此时审计师承担的风险是很高的（刘笑霞等，2017）。审计师两种不同情况的选择，对上市公司股东、资本市场中投资者等财务报表信息使用者的影响是不同的。如果是第一种情况，审计师面对升高的审计业务风险，即在上市公司财务报表重大错报风险很高的情况下，会进行更多的审计工作以有效识别出企业财务报告中存在的重大错报,为其发表恰当的审计意见提供充足的审计证据。这不仅会降低审计师自身的风险,也可以为其他财务报表信息使用者提供更为真实可靠的参考依据。反之,如果是第二种情况,审计师只是对自身的风险收取了补偿,由于没有进行足够的审计工作以支持其出具恰当的审计意见,因而无法保证审计质量,这对其他财务报表信息使用者来说是极为不利的。本书在后续的实证研究部分也将进一步深入探讨这个问题,以验证我国审计师在面对高管变更这一风险情境时,对于升高的审计业务风险,在提高审计收费的同时,是真的付出了更多的审计工作努力以降低风险、保证审计质量,还是仅将提高的收费作为风险溢价。

总体而言,审计师收取更多的审计费用,一方面可能是对自身增加的审计投入成本的补偿,另一方面可能是对承担更高风险的补偿(Simunic,1980)。审计师如果遵循审计准则的要求,在提高审计收费后,会增加审计投入以有效识别财务报告中的重大错报;如果收取的高额收费仅作为风险溢价,那么就不会调整其审计工作投入。最后审计师可以通过出具非标准无保留审计意见,增强被诉讼时的抗辩能力,减轻自身所承担的法律责任。图 1.2 简要表达了审计师面对上市公司风险升高的项目时,进行风险应对进而保证审计质量、降低自身审计业务风险的具体应对措施。

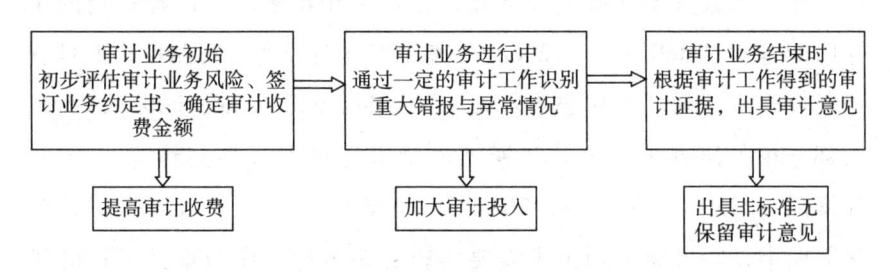

图 1.2 基于审计过程的风险应对

接下来是审计收费、审计投入与审计意见的概念阐述。

1. 审计收费

Simunic（1980）的审计定价模型为学术界后续对审计收费的研究奠定了基础，该研究认为审计收费包括审计师在审计过程中投入的人力和时间等的补偿和风险溢价两部分。在此基础上，后续的研究不断地证明了审计收费不仅包含了对审计工作投入的补偿，还包含了对诉讼风险与声誉损失的溢价补偿（Seetharaman et al., 2002; Choi et al., 2009）。我国学者同样认为审计师在收取费用时，一方面会考虑其审计工作的投入，另一方面还会考虑由于潜在的诉讼风险为自身带来的赔偿损失（冯延超和梁莱歆，2010；郝玉贵和陈丽君，2013；栗立钟等，2019；翟胜宝等，2017）。因此，在审计工作中，事务所收取的费用就可以看作由两部分构成，一是对审计工作投入的人力和时间资源的经济补偿；二是一旦审计失败可能遭受监管机构处罚与赔偿投资者损失的风险溢价，以及无论自身出具的审计报告是否妥当，都可能因上市公司经营失败而遭受投资者诉讼的风险溢价（Simunic, 1980；冯延超和梁莱歆，2010；翟胜宝等，2017）。

2. 审计投入

审计投入是指会计师事务所的审计人员在实施审计过程中投入的人力、时间等资源（Simunic, 1980）。通常情况下，审计项目组的工作人员数量不会有明显变化，审计工作越多，审计师耗费的工作时间越多（Bell et al., 2008）。基于审计时滞的可观测性，而且它可以反映审计师的工作努力情况（Knechel and Payne, 2001），我国大部分相关研究采用审计时滞来度量审计投入（栗立钟等，2019；沈维成；2019；翟胜宝等，2017；刘笑霞等，2017）。较长的审计时滞表明审计师可能识别出了需要实施更多审计程序与审计工作的风险项目（栗立钟等，2019）。因此，我国学者在研究审计投入时，均以审计时滞（会计期末至次年审计报告日之间的间隔）为基础对其进行度量。

3. 审计意见

审计意见是审计师（注册会计师）对被审计单位财务报表是否按照适用的会计准则和相关的会计制度进行编制，是否在所有重大方面都公允地反映了被审计单位财务状况、经营成果和现金流量的评价。审计意见类型包括标准无保留意见、带强调事项段或其他说明事项段的无保留意见、保留意见、无法表示意见、否定意见。

第五节　研究方法

本书采用定性与定量相结合的方法，遵循"背景分析—文献梳理—理论分析与假设提出—样本筛选与数据收集—实证分析—形成结论—提出政策建议"的研究思路逐步深入。具体来说，本书主要运用以下研究方法。

1. 文献研究法

文献研究法是指通过对相关文献的收集、阅读和梳理分析形成的对事实科学认识的方法，有助于了解相关领域已有的研究成果、研究不足及未来可研究的方向，也有助于发现研究内容所需的理论分析基础与实证研究方法。文献研究法通常是在有明确的研究目的或者研究课题后使用，通过广泛的文献调查来获取资料，阅读这些资料能够帮助研究者对所要研究的问题有更全面、正确的了解。在学术研究中文献研究法是最常被使用的方法之一。对高管变更、审计收费、审计投入和审计意见相关文献的回顾和述评是展开本书研究的前提和基础，本书在此阶段运用了文献研究法对相关文献进行收集与整理。具体来说，本书主要通过中国知网、Web of Science、Wiley、Emerald 等数据库检索到了众多与本研究主题相关的文献。在对检索到的文献充分阅读后，清晰地了解了研究问题的现状、国内外学术界主要的研究思路、研究框架及其研究局限。在此基础上，围绕本书的假设进行验证。本书通过对相关文献中的样本选取、变量设置、模型设计和实证方法等内容进行归纳总结，分析以上内容对文本研究内容的适用性，继而确定本书的样本选取、变量设置、模型设计和实证方法。

2. 实证研究法

实证研究法是指通过对研究内容相关文献的梳理和总结，进行理论分析，提出研究假设，在此基础上设计研究方法，收集研究数据并对数据进行分析，最后得出结论以检验研究假设的方法。在理论分析的基础上，本书进一步运用实证研究法对高管变更影响审计师风险应对的假设进行验证，主要涉及模型构建、数理统计和回归分析等实证研究法。首先结合研究问题的需要和已有经验，确定出合理的数理模型。其次通过Stata等统计软件，对高管变更对审计收费、审计投入、审计意见影响的相关假设进行验证。具体来讲，本书以中国沪深两市A股市场2007~2019年的数据为研究对象，先后对高管变更和审计收费、审计投入以及审计意见的相关变量进行描述性统计分析、相关性分析，然后用不同的回归分析方法对高管变更和审计师风险应对变量之间的关系进行一一考察，完成各个假设的检验。其中，在第四章与第五章中，对实证模型运用了OLS多元回归分析方法；在第六章中，实证模型的被解释变量审计师是否出具非标准无保留审计意见设为二值虚拟变量，因此对实证模型进行检验时采用Probit回归分析。最后本书还在稳健性检验部分，使用倾向得分匹配方法（PSM）对内生性进行了检验，通过替换变量度量方式、删除部分样本、换用固定效应、使用Logit模型等方式对本书的假设进行了进一步检验，以保证研究结果的稳健性。

第六节　研究创新

（1）从上市公司高管变更这一新视角对审计师风险应对的影响进行系统研究。已有文献主要是从企业层面的公司规模、盈利情况、经营风险、盈余管理、公司治理等，事务所层面的事务所规模、事务所市场竞争力，外部环境层面的经济环境、制度环境等方面如何对审计师风险应对产生影响进行研究的，忽视了高管变更这一会导致公司战略规划与经营决策发生改变的重要事件对审计师风险应对行为的影响。基于此，本书从高管变更这一新视角考察了其对审计师审计收费、审计投入及审计意见类型的影响，为审计师风险应对影响因素的研究提供了新的思路，明确了审计师对上市公司发生高管变更这一事件的行为反应。

（2）探究了上市公司高管变更影响审计师风险应对的具体机制。虽然本书通过逻辑推导和实证检验证实了高管变更对审计师风险应对的影响，但二者之间的影响机理并没有得到验证。这使得高管变更对审计师风险应对的影响关系中存在一个黑箱，无法明确其中的影响路径。为此，本书通过理论分析，发现高管变更后，公司的盈余管理程度和战略调整程度提高，并且这两种因素都会引起审计师感知风险的提高。因此，将盈余管理和企业战略调整作为中介变量进行了实证检验，验证了二者均在高管变更影响审计师风险应对关系中起到部分中介效应，进一步明确了高管变更影响审计师风险应对的内在机理，丰富了相关理论研究。

（3）将企业异质性纳入高管变更与审计师风险应对关系的研究框架中，考察了企业异质性在高管变更与审计师风险应对关系中发挥的作用。实际上，高管变更对审计师风险应对的影响程度在不同企业或情境下是存在差异的。这主要是由于企业的异质性在二者关系中发挥了不同的作用。因此，在明确了高管变更对审计师风险应对的影响后，实证检验了公司的产权性质、内控质量、市场势力以及媒体关注度这四个代表企业异质性的变量在二者关系中的调节作用，进一步明确了高管变更与审计师风险应对关系受哪些因素影响，丰富了二者关系影响机理方面的研究。

第二章 文献综述

本章针对高管变更与审计师风险应对的研究议题，对国内外相关研究文献进行归纳和梳理，并对其进行评述，指出研究空间，明确后续的研究方向。首先，梳理了已有上市公司高管变更的经济后果。其次，将审计师风险应对行为展开为审计收费、审计投入与审计意见三个维度，分别梳理三种风险应对行为的影响因素。最后，通过对相关研究进行评述，发现已有研究的不足之处，明确本书的研究重点，为后续的实证研究奠定了基础。

第一节 高管变更的经济后果

一 高管变更对企业战略规划的影响

管理学中对高管变更的研究最早要追溯到20世纪60年代，Grusky（1960）认为CEO变更可以使诸如公司战略、领导力、组织、财务等众多关系到公司生存发展的领域发生改变。CEO变更促使公司内部环境发生改变，并逐渐与外部环境相融合，从而有助于克服组织长期以来形成的惯性，即组织惰性（Ocasio，1994）。Keck和Tushman（1993）认为CEO变更会导致公司管理团队变化、团队异质性提升。Miller（1993）发现CEO变更会引发大量的战略调整行为，从而使继任CEO在公司或组织中获得政治支持。Weisbach

（1995）研究表明 CEO 变更后，公司更可能剥离之前并购的不盈利单位。Shimizu 和 Hitt（2005）的研究发现，外来继任 CEO 更可能剥离公司原来收购的业绩不佳的业务单位。Ndofor 等（2009）的研究发现，当新上任的 CEO 与前任在公司战略等层面认知有分歧时，会在上任后对公司采取较大幅度的变革手段，从而扭转局面并实现自身价值。Barron 等（2011）发现 CEO 变更会显著影响公司战略的持续性，具体来说，会提升公司中断经营行为的可能性。Goodstein 和 Boeker（1991）认为高管变更会打破原有的权力集中，进而促使权力与资源的重新分配，可以有效促进新战略的实施。Westphal 和 Fredrickson（2001）也研究了高管变更和公司战略的关系，发现作为公司战略的决策者，继任高管的战略选择可以预测公司的战略调整方向，同时，这种预测会受到公司董事会对于战略调整方向选择的影响，也会受到高管选聘来源的影响。刘鑫和薛有志（2015）认为上市公司高管如果发生变化，会提高企业战略调整的程度。

除此之外，大量学者在研究 CEO 变更与公司战略关系的同时，还深入探究了继任 CEO 调整公司战略的原因。一是变更前后 CEO 之间的个人特征存在差异，如性别、学历、经验等，这种源于个人特征的决策思维、认知加工、办事方法等方面的不同直接导致变更前后 CEO 对公司战略的看法和选择的差异，并最终导致战略调整（Wiersema，1995；Barker，1997）。二是不同 CEO 在关于公司如何获取成功的信念上有差异，前任 CEO 在执掌公司时往往将符合自身信念的公司理念根植于公司上下，形成固化思维，而继任 CEO 为了改变公司的固化思维，就会采取一些战略调整手段，迫使组织发生改变（Ndofor et al.，2009）。三是变更前后 CEO 对公司业绩期待不同的战略调整。Hutzschenreuter 等（2012）研究发现，面对前任 CEO 执掌公司时业绩不佳的情况，继任 CEO 上任后会面对较大的业绩提升压力，董事会和利益相关者都希望继任 CEO 的到来能够提升公司绩效，因此，继任 CEO 会采取剥离业绩较差的部门、开拓新市场等战略调整手段，帮助公司扭转业绩欠佳的局面。

二 高管变更对企业经营决策的影响

高管人员的变更，尤其是诸如董事长和总经理一类的高层核心人员的变更，不仅会导致公司战略上的调整，更会促使战略调整下的经营决策方向发生改变。例如，公司战略转型会导致一些与新战略无关或违背的投资政策发生调整，也有可能将一些未完成的长期项目停滞或者剥离（Murphy and Zimmerman，1993）。进一步研究发现，CEO 变更后公司以亏损或非盈利价格出售原购入资产的概率会大幅提高（Weisbach，1995）。也有研究证明了继任 CEO 会通过削减长期投资的方式在短期内实现业绩提高，从而稳固自己的地位，但这种机会主义行为对公司长期发展是不利的。Harrison 和 Fiet（1999）通过检查继任 CEO 上任一段时期后公司的投资回报率、研发强度、资本密度和养老金政策变化发现，投资回报率有了明显提升，而平均研发强度和养老金水平都显著下降，这对公司提高竞争力和员工积极性都有负面作用，不利于公司的长期发展。Gao 等（2012）研究发现，公司经历高管变更后，继任 CEO 会通过降低对外投资和杠杆，提高企业绩效。但也有研究显示，当 CEO 变更期间公司的投资事项处于停滞状态时，继任 CEO 上任后会提高资本支出水平（Hornstein，2013）。Du 和 Lin（2011）研究发现，对于强制变更后上任、享受较高股权激励政策、组织内任期较短的高管倾向于提高广告投入和研发投入。韩洁等（2015）发现继任 CEO 在任期第一年倾向于加大研发投入，通过对样本分组进一步检验发现，当公司管理层存在过度自信倾向，且公司属于高科技行业时，继任 CEO 在任期初始阶段与研发投入的正相关关系更强。但对于创新研发投入，不同学者在研究高管变更与之的关系时，也有一些得出了相反的结论。例如，Murphy 和 Zimmerman（1993）按照时间轴来研究CEO 用于研发支出的费用，发现继任 CEO 在上任后的前四年会减少研发投入。王进朝和张永仙（2019）的研究也发现高管变更抑制了企业的研发创新，在进一步探索高管变更与公司研发投入的中介关系时发现，内部控制质量是影响二者关系的中介变量，但受到高管变更原因、类型和公司所属行业的影响，内部控制质量所发挥的中介作用是不同的。刘鑫和薛有志（2015）依据前景理论，研究高管变更与企业研发投入之间的关系，发现高管发生变更会显著减少企业的研发投入，并且当企业的绩效水平与所处行业的平均值相差越多时，企业就越会降低自身的研发投入。此外，高管变更还会给企业带来财务策略上的变化（Pan et al.，2018）。研究显示，对于非上市公司而言，高管变更后公司资本结构显著优化（张亮亮等，2014）。高管变更还会给企业带来融资成本的增加和债券利差的降低（Pan et al.，2018）。

三 高管变更对企业绩效的影响

学界对高管变更如何影响企业绩效进行了大量的研究。总体而言，由于高管变更会打乱企业内部原有的组织关系和行为模式，因此高管变更会增加企业未来发展的不稳定性（Lausten，2002）。但已有的相关文献对于高管变更影响企业绩效的结论尚未达成一致（陈健等，2006；Adams and Mansi，2008；赵淑芳，2016）。

一部分学者认为高管变更与企业绩效之间存在负向影响关系。朱红军和林俞（2003）在研究高管变更与股东财富之间的关系时发现，相比于绩优企业而言，投资者对亏损企业的高管变更事件更为敏感，无论是董事长变更，还是总经理变更，或者是董事长与总经理同时变更，均对股东财富具有显著的负向影响。陈璇和刘卉（2006）按照传统企业和高新技术企业将样本划分为不同企业类型，研究了以上两类企业的高管变更事件对其经营绩效的影响，结果表明，两类企业的高管变更事件均会使得企业的长期盈利能力降低。姬美光和王克明（2008）用资产报酬率来度量企业的财务绩效，发现高管发生变更后，企业绩效会出现降低的现象，并且在进一步考虑盈余管理对业绩的影响后，高管变更对企业绩效的负向影响程度更大。

另一部分学者认为高管变更与企业绩效之间存在正向影响关系。以我国非国有上市公司为样本，田晓霞和程秀生（2006）研究发现，业绩水平较低的公司发生高管变更的可能性较大。他们根据高管继任来源，分别探讨了内部晋升与外部聘用的继任高管上任后对公司绩效的影响，研究显示，内部晋升继任高管促使企业业绩上升的程度更大。Adams 和 Mansi（2008）认为上市公司 CEO 的变更，对公司的债权人价值具有负向影响，但对股东价值则具有显著的正向影响。陈健等（2006）的研究表明，在公司控制权发生转移后，如果公司的高管也因此发生变更，则公司绩效会得到显著改善；如果控制权转移后，公司继续聘用原高管人员，则公司业绩的提升程度相比于高管发生变更的公司要更小。关健等（2018）则认为总经理发生更换会导致公司短期内出现业绩水平下滑的情况，但随着继任总经理上任时间的延续，其对公司业绩的正向影响会逐步显现出来。

还有部分学者认为高管变更没有引发企业绩效的改变。龚玉池（2001）研究发现高管变更只能在短期内产生改善公司业绩的效应，而对公司长期业绩是没有显著提升的。朱红军（2002）在研究高管变更与企业经营绩效时发现，前者对后者没有明显的促进作用，高管变更只是给企业带来了盈余管理。朱琪等（2004）研究了股票市场在高管变更后不同时期的表现，结果显示，市场在变更日当天会对并购导致的公司管理层变更产生积极的反应，但随着时间的推移，市场对高管变更事件的态度会发生改变，由积极转为消极。周晓丹和杨辉（2009）在研究高管变更与企业绩效关系时，用 ROA 作为衡量绩效的指标，研究了辞职解聘、届满退休、其他原因、未披露原因四种不同类别的高管变更对企业 ROA 的影响，结论显示，辞职解聘和届满退休这两种类型的高管变更对企业 ROA 没有显著的影响，但其他原因的高管变更会在短期内促进企业 ROA 提升，不过从长期来看，二者之间的影响效果又变得不明显。皮莉莉等（2005）在研究常规和非常规两种类型的高管变更对企业经营业绩的影响时发现，无论是哪种类型的高管变更均未对三年内的企业经营业绩产生显著影响。

四　高管变更对企业盈余管理的影响

盈余管理是企业管理者对向外披露的财务信息进行操纵、有目的地干预对外财务报告的过程，其目的一般是实现个人利益最大化（Schipper，1989）。Pourciau（1993）研究了 CEO 变更前后公司的盈余管理情况，结果表明原 CEO 在离任的前一年，并没有通过可操纵的摊销项目和应计项目进行利润的调整；继任 CEO 在上任初始会通过操纵摊销项目和应计项目来调低利润，并把利润降低的原因归咎于前任 CEO，而在上任后一年里，通过操纵摊销项目和应计项目提高利润，从而证实自己的管理能力优于前任。Strong 和 Meyer（1987）的研究也得出类似的结论，他们发现高管变更往往会导致企业出现计提资产减值的行为，尤其当继任高管来自企业外部时，更容易发生减少当期利润、提高盈余管理水平的情况。杜兴强和周泽将（2010）在研究高管变更与盈余管理关系时发现，高管变更显著促进了企业负向盈余管理行为，其中来自外部的继任高管相比于内部继任的高管来说，更容易操纵负向的盈余管理行为。林永坚等（2013）研究也得出了高管变更当年会利用应计项目调低企业利润的结论，但不存在利用真实活动的盈余管理行为；在继任高管上任后的前两个完整会计年度，企业会利用应计项目和真实活动来调高企业利润；尤其在董事长和总经理同一年变更的情况下，在变更当年调低利润，变更后前两个完整会计年度提高利润的程度更大，意味着双重高管变更促使企业盈余管理的可能性和操纵水平变得更高。继任高管操纵盈余管理除了要证明自己比前任高管能力强以外，另一个原因是高管的薪酬一般与企业的经营绩效挂钩（杜胜利和翟艳玲，2005）。所以继任高管往往会选择在上任后先通过负向盈余管理降低企业利润，再通过正向盈余管理提高企业利润，从而获得较高的薪酬和良好的声誉（杜兴强和王丽华，2007）。柳青和朱明敏（2008）的研究也支持杜胜利和翟艳玲（2005）的观点，他们以2004年四川长虹集团高管变更后企业亏损37亿元事件作为研究对象，通过分析检验发现2005年的扭亏为盈并不是因为企业经营绩效得到实质性提高，而是主要归功于2004年发生的巨额减值计提，这被称为"洗大澡"效应。继任管理者之所以如此操控企业盈余，提升薪酬是其主要目的之一。实际上，继任高管的盈余管理行为对企业经营绩效的改善来说并没有实质性的帮助，往往还会造成一系列的资源浪费，因此一部分学者开始研究如何有效抑制继任高管的盈余管理行为。朱星文等（2010）研究发现，在公司控股股东是中央政府相关部门下属央企或者是中央直属央企时，高管变更带来的盈余管理行为得到了有效抑制。换句话说，公司的大股东实力越强、制衡力越大时，继任高管采取负向盈余管理的幅度越小。廖普明（2011）从董事会构成的角度研究抑制继任高管盈余管理的手段，他发现董事会的人数越多、独立董事人数占比越高，则越能有效抑制高管的盈余管理行为。周晖和左鑫（2013）通过实证研究证明了董事会监管可以有效抑制继任高管盈余管理行为。此外，还有一批学者如Elliott和Shaw（1988）、Wells（2002）、Godfrey等（2003）也证实了高管变更对企业盈余管理行为的影响。

第二节　审计收费的影响因素

一　公司层面

1. 资产规模

Simunic（1980）在研究影响审计收费的因素时发现，企业的资产规模和业务复杂程度都对审计收费产生正向影响，并在此基础上提出了审计定价模型，奠定了这一领域的研究基础。Francis（1984）在 Simunic（1980）回归模型的基础上，同样发现被审计单位子公司越多，资产规模越大，审计收费越高。张继勋和徐奕（2005）的研究认为公司资产规模是影响审计收费的重要因素。刘斌等（2003）也得出了上市公司资产规模和业务复杂程度会显著地提高审计费用这一结论。总结来看，被审计企业的资产规模和业务复杂程度是决定会计师事务所收取审计费用高低的关键因素，它们与审计费用呈正相关关系。

2. 公司风险

公司风险是另一个影响审计师收费的重要因素，原因在于，当审计师面对风险较高的公司时，会增加审计投入，即用更多的审计程序和方法应对财务报表的错报风险，来降低审计风险；同时，由于较高的公司风险可能给审计师带来连带责任，所以审计师在收费时会将风险溢价考虑进去。基于以上两点，审计师在面对高风险公司时会收取更高的审计费用（Simunic，1980）。实际上，公司风险是一个相对宏观的概念，里面包含诸如经营风险、财务风险等不同风险类型。在经营风险方面，公司对外担保额越多（张继勋和徐奕，2005；李嘉明和杨帆，2016），应收账款在总资产中的占比越高（张继勋和徐奕，2005），意味着公司的经营风险越高，相应的审计收费就会越高。另外，公司的财务情况越糟糕就意味着其财务风险越高，面对此类风险，审计师也会收取高额费用（蔡吉甫，2007）。有时，审计师会根据预算软约束来判断公司的财务风险，进而调整审计费用（江伟和李斌，2007）。沈维成（2019）从企业短期借贷引发财务风险的角度研究审计师收费问题，发现短期借贷增加了企业流动性风险，形成了企业财务困境，增加了企业进行盈余管理的可能性。面对这种情况，审计师的审计风险会加大，需要投入更多的时间和精力来降低风险，因此会提高收费。

3. 公司治理

完善的公司治理结构可以有效制约企业管理经营者的会计操控行为，是财务报告真实、可靠的有力保障，会降低审计风险和审计费用（Tsui et al., 2001；Griffin et al., 2008）。然而一些学者用董事会结构来表示公司治理的完善程度，得出了不同结论。Carcello等（2002）以1000家《财富》杂志上榜公司为研究对象，研究发现企业董事会的独立性、专业性和努力程度与审计费用呈正相关关系。蔡吉甫（2007）研究发现董事会规模与审计费用呈显著正相关关系，深入研究董事会构成发现，对于董事长与总经理两职合一的企业，会计师事务所会收取相对较低的费用，而管理层持股的比例与审计费用呈"U形"关系。公司治理结构越完善，企业就越会有独立、专业的董事会和审计委员会，他们会要求审计师扩大审计范围，确保财务信息质量。因此，在审计师投入更多工作量的情况下，会收取更高的审计费用。张俊瑞等（2017）从股东特征的角度研究了审计收费问题，发现大股东股权被质押的企业审计收费较高，且质押比例与审计收费呈正相关关系。究其原因，可能是大股东股权质押行为提高了企业盈余管理的风险，从而增加了审计师的审计风险，审计收费自然会提高。潜力和葛燕妮（2021）同样发现大股东股权质押正向影响了审计师风险应对，得出了与张俊瑞等（2017）研究结果相一致的结论，即大股东股权质押比例越高，审计收费越高。

4. 内控质量

少数学者研究表明内部控制质量（即内控质量）较高的企业同时具有较高的审计费用。这是由于内部控制质量较高的企业治理水平较高，董事会可能更加重视良好的声誉与财务报表质量，所以为了维持良好的声誉，这样的公司会更加倾向于聘请规模大、声誉好且高水平的会计师事务所，因而会产生更高的审计费用（Hay et al.，2006）。大部分学者的研究结论则相反，认为具有较高内部控制质量的企业通常其内控设计、运行的有效性和完善性都具有高水平，能够缩小外部审计师在审计工作中实施实质性测试的范围，进而减少审计师对公司的审计收费（Raghunandan and Rama, 2006; Hogan and Wilkins, 2008）。盖地和盛常艳（2013）认为存在重大内部控制缺陷的企业，由于扩大了审计师实施审计测试的范围，因而会被会计师事务所收取更高的审计费用。相反，具有高质量内部控制的企业可以抑制审计师的审计风险，从而有效降低审计费用（张旺峰等，2011）。

5. 盈余管理

绝大部分学者认为盈余管理程度与审计费用之间显著正相关。公司盈余管理越多，可操纵应计项目金额便越多，会计信息质量被扭曲的可能性便越大，审计师所需承担的审计风险便越高，为弥补潜在的损失，审计师会收取更高的审计费用（DeFond and Subramanyam, 1998; 赵国宇, 2011）。伍利娜（2003）深入探讨了盈余管理与审计费用之间的关系，发现公司总资产收益率对盈余管理和审计费用的关系具有调节作用，当总资产收益率在0%~2%的范围时，公司的盈余管理对审计费用的影响呈负向显著；当总资产收益率在6%~7%的范围时，盈余管理对审计收费不具有显著的影响。刘运国等（2006）进一步检验了向上调整的盈余管理与向下调整的盈余管理分别对审计费用的影响，结果表明向下调整的盈余管理会显著地影响审计费用，向上调整的盈余管理对审计费用的影响则不显著。其他学者的研究同样表明审计收费会受到公司盈余管理程度的影响（曹琼等，2013；张娟和黄志忠，2014；蔡利等，2015）。

二 会计师事务所层面

1. 事务所规模和品牌

会计师事务所的规模与品牌效应会提高审计收费（沈小燕和温国山，2008），大规模的事务所通常拥有更多经验丰富的审计师与行业声誉优势，可以进行更高的审计定价（Simunic，1980）。

2. 市场集中度

市场集中度是指某一行业内规模最大的前 N 家企业的市场占有率。会计师事务所的合并能够降低该行业的市场竞争度，合并后的会计师事务所相比之前具有更高的审计费用议价能力。李明辉等（2012）研究发现，会计师事务所合并后第一年审计收入的涨幅明显高于第二年，并且受到企业规模的限制，国内会计师事务所合并后的审计收费议价能力小于四大会计师事务所之间的合并。此外，市场集中度也会通过影响供需关系而影响审计收费的标准。当某一区域会计师事务所市场集中度较高时，由于供给个数的减少而导致供不应求，审计市场越趋向于寡头垄断，其收费更高，反之亦然。程璐和陈宋生（2016）研究发现，如果审计市场出现供不应求，开始时审计收费偏高，但随着更多会计师事务所发现该区域市场的超额利润后，它们就会自动进入该市场分一杯羹；长期来看，随着会计师事务所数量的不断增加，针对客户的审计费用也在不断下降。

3. 审计师变更

关于审计师变更对审计费用的影响研究主要从三个角度进行分析，分别是变更前后审计收费是否有差异、是不是自愿变更对审计收费的影响以及自愿变更的公司其特征对审计收费的影响。Simon 和 Francis（1988）研究发现，变更后的审计师在前三年审计工作中的收费显著降低。当企业所选择的会计师事务所由非 Big8 转换为 Big8 时，公司会在起始阶段享受审计费用折扣，这可能是因为 Big8 事务所想通过使客户在起始阶段体验质量较高的审计服务后产生用户黏性，进而在以后年份能够继续合作，并主动选择 Big8 更高费用的审计服务（Craswell and Francis, 1999）。韩洪灵和陈汉文（2007）则以客户规模为研究切入点，发现当大客户在小事务所之间变更审计师时，一般会享受审计收费的折扣；相反，小客户在大事务所之间变更审计师时，却要支付溢价的审计费用。

三　外部环境层面

1. 经济环境

在研究金融危机对审计风险的影响方面，徐蔚和嵇大海（2009）研究了金融危机与重大错报风险的关系，并探讨了企业经营风险对审计风险的影响。吴宇（2009）认为审计师应根据金融危机的影响程度具体对待审计风险。经济危机的来临直接影响了企业的经营风险。一方面，受市场萎缩影响，企业的利润会不断下滑，为了维持在市场中的形象，企业就具有粉饰财务报告的动机，从而加大财务报告发生重大错报的可能性，对此，审计师会扩大审计范围并且执行更多的审计测试程序，所以会向被审计企业收取更高的审计费用。另一方面，受金融危机影响，企业破产的可能性加大了，因而企业产生较高的财务信息舞弊动机，对此审计师就会承担更多的连带责任和更高的审计风险，反映在审计收费上也会提高费用（张天舒和黄俊，2013）。

2. 制度环境

一个国家或区域的法律制度完善性对审计师决策有着重要的影

响。具体而言，当法律制度越趋向于完善，违法行为所付出的成本就会越高（DeFond and Lennox，2011），审计师由于各种原因导致审计失败后所承担的法律后果就会越大，因而当事务所面对的法律环境越严格，就会收取越高的审计费用来弥补可能遭受的损失。Seetharaman 等（2002）研究发现，由于美国具有更为严格的法律诉讼环境，在美国上市的英国公司比英国本土的公司承担了更高的审计费用。陈小林和潘克勤（2007）在研究我国不同省份审计定价时发现，在法律执行力越强的地区，审计定价越高。这一结果意味着法律执行力越强的地区，审计师面临着越大的审计法律风险，因此在审计定价中加入了风险溢价因素。刘启亮等（2014）以新《公司法》和新《证券法》颁布后的 2006 年作为高诉讼风险的时间界限，探究了 2006 年前后媒体负面报道对审计定价的影响效果，结果发现，二者的影响关系只在高风险年份下才显著。魏娇（2017）认为区域的市场化进程是影响会计税收差异与审计费用关系的重要因素，对二者的正相关关系也具有强化作用。除此之外，审计行业的法律法规变动也会通过审计风险和审计投入影响审计收费。戴文涛等（2017）研究发现《新会计准则》的颁布促使审计收费显著提高，而且当市场化程度较高、聘请的事务所排名靠前、企业本身为非国有企业时，审计收费的增加更为明显。Choi 等（2008）研究了在不同法律体系环境下审计费用的差异，发现公司所处法律环境制度越严格，审计费用越高。

3. 媒体关注度

媒体报道在证券市场起到了外部监督者的作用（李小光等，2018）。刘启亮等（2013a）认为上市公司被媒体报道越多，审计师感觉到因审计失败遭受诉讼的风险就会越大，为了有效避免这种风险，就会提高审计工作的努力程度，采取更严格的审计测试程序等手段加以应对，进而收取更高的审计费用。刘笑霞等（2017）研究了分析师追踪、财务状况和产权性质在媒体负面报道影响审计费用过程中的作用，结论显示，央企属性和较多的分析师追踪能够促进媒体负面报道对审计费用的正向影响，而良好的企业财务状况可以有效减弱媒体负面报道对审计费用的促进作用。

第三节 审计投入的影响因素

一 公司层面

1. 资产规模

接受审计的企业客户资产规模是决定审计工作投入多少的关键因素。原因在于，审计工作是通过抽样来完成的，企业的总资产越多，需要从中抽样的样本量就越大，因此，企业规模越大，审计投入就越大（Simunic，1980）。有学者将客户规模用期末总资产来度量，发现总资产对审计师的审计工作投入具有显著的正向影响（Hackenbrack and Knechel，1997；Blokdijk et al.，2006；Bell et al.，2008；翟胜宝等，2017）。还有部分学者用公司的总收入来作为测量公司规模的变量，研究结果依然是公司的总收入越多，审计师投入的工作努力就越多（Hackenbrack and Hogan，2005）。一些学者用工作时长来衡量审计投入。Arifuddin 和 Usman（2017）认为企业规模越大，审计师就会花费越多的时间进行审计工作。O'Keefe 等（1994）研究发现，随着客户的规模扩大，项目组中各类审计人员的工作量都会相应提高，但提高的幅度具有差异性，高级经理等项目组管理人员的工时占比会下降，而一般审计人员的工时占比会提高。但也有少数学者的研究结论相反。部分研究发现，由于大公司更有可能实施有效的内部控制，降低公司财务报告出现重大错报的可能性，所以审计师出于对内控有效性的考虑会减少审计工作时间

(Dyer and McHugh，1975；Givoly and Palmon，1982；Carslaw and Kaplan，1991）。

2. 公司风险

Ashton 等（1989）研究发现公司亏损时的审计时滞要比公司盈利时更长，因为利润为负表明公司当前经营状况不稳定，为识别公司各方面的风险对财务信息的影响，审计师会执行更多的实质性程序，导致审计工作时间投入加大。经营业绩的波动性越大，审计师的审计投入就会越多（韩晓梅和周玮，2013）。还有一部分学者根据特定情景引发的经营风险来研究审计投入的变化。例如，顾光等（2019）发现审计师会重点关注企业的海外投资战略，如果公司存在海外投资，审计师不仅会增加风险溢价来补偿自身风险，还会积极加大审计工作投入以降低检查风险，进而保证财务报表的审计质量。翟胜宝等（2017）认为控股股东股权质押增加了公司的经营风险，使审计师面临更高的审计风险和诉讼风险，因而审计师会提高收费作为风险补偿。企业债务期限结构也是企业经营风险的重要影响因素，当企业短期借款的比例较高时，审计师的工作投入就会增加（沈维成，2019）。上市公司债务违约会引发审计师采取风险应对措施，公司发生债务违约后，审计师会增加审计投入、提高审计收费（文雯等，2020）。考虑到企业运用衍生金融工具带来的经营风险，审计师会显著地提高这些企业的审计收费与审计投入（沈璐和陈祖英，2020）。当企业发生并购商誉减值行为时，审计师会采取增加审计时长的方式加以应对（朱杰，2021；李明辉等，2021）。

3. 内控质量

Ashton 等（1987）研究发现，企业内部控制质量越差，则审计时间投入得越多。Ettredge 等（2006）认为有效的内部控制可以使得公司的财务信息质量更高，从而降低审计师的工作时长。内部控制质量较高，意味着企业财务报告的规范性更好、错报的可能性更低，由此可以让审计师减少一部分工作量，从而减少审计时长，提高审计效率（喻彪和彭桃英，2012）。张国清（2010）从内部控制审计角度探讨了内控质量对审计时长的影响，研究发现，当企业披露了无保留内部控制审计意见时，审计时滞更短，可能的解释是企业披露的无保留内部控制审计意见本身表示企业内控质量较高，所以有效减少了审计师工作时长。

二 会计师事务所层面

会计师事务所的特征也是影响审计投入的重要因素。已有研究主要从事务所的合并、规模、服务年限等特征考察了其对审计投入的影响。事务所的规模越大，则审计投入的时间越长（Deis and Giroux，1996）。但也有学者认为，由于会计师事务所合并能产生规模经济，审计师工作时长会有效减少（Gong et al.，2016）。刘亚莉等（2011）研究发现，四大会计师事务所相比于其他规模小的事务所，针对相同规模被审计企业时审计工作投入时间更长。但也有学者得出不同结论，认为四大会计师事务所审计的公司具有更短的审计报告时滞（Alfraih，2016）。Lee 等（2009）研究发现审计师任职时间越长则审计工作的效率越高，因此能够有效减少审计时滞。

三 外部环境层面

邓英雯和张敏（2019）从地理位置的角度考察了外部环境特征对审计投入的影响，研究发现，被审计客户与当地证监局的地理距离越近，审计师的审计投入越多，并且在规模较小的会计师事务所中这种影响更加显著。这意味着审计师因为被审计企业与监管部门的位置邻近而感知到更高的审计风险，所以提高审计收费以补偿可能承担的损失。Redmayne 等（2010）以"政治透明度"的视角切入，研究了媒体曝光度对审计投入的影响，结论显示，被审计企业被新闻媒体报道的次数越多,则审计师的审计工作时间越长和审计收费越高,原因在于,审计师对曝光度高的客户更加谨慎,以防出现纰漏牵涉自身,因此会投入更多的努力在审计工作中,同时收取更高的审计费用。刘笑霞等(2017)研究了负面的媒体报道是如何影响审计师风险应对的,结论显示媒体负面报道只是提高了审计师的审计收费,并没有提高审计师的审计工作投入,审计收费的提高仅仅是弥补了风险溢价,而不代表审计师进行了积极的审计努力。

第四节 审计意见的影响因素

一 公司层面

1. **资产规模**

资产规模越大的企业越不容易收到非标准审计意见,原因在于,资产规模越大的企业经营就越稳定,经营风险越低,使得审计师感知到的审计风险越低,因而审计师越倾向于出具标准无保留审计意见(翟胜宝等,2017)。鲁桂华等(2007)认为资产规模较小的客户被会计师事务所出具非标准审计意见的概率较高。蔡春等(2005)研究表明公司所拥有的资产规模越大,其内部控制就越规范,审计时其风险就越小,则收到非标准审计意见的概率就越小。但也有研究认为公司资产规模对审计意见类型并不具有显著的影响(Carcello and Neal,2000)。

2. **公司风险**

白宪生和高月娥(2009)以收到非标准审计意见的企业为研究对象,发现审计师普遍比较关注现金流量比率、资产负债率等因素,这些因素会影响审计师出具审计意见的类型。宋秀超等(2010)以家电类上市公司为研究对象,探讨了资产负债率和公司盈利能力对审计师出具审计意见的影响，发现企业资产负债率越高则越有可能被出具非标准审计意见，而盈利能力越强则越有可能收到标准无保留审计意见。翟胜宝等（2017）认为资产负债率越高的企业破产风险越大，因此收到非标准审计意见的可能性就越大。公司的财务状况越不好，经营越不稳定，收到非标准审计意见的概率就越大（Chen and Church，1992）。段培阳（2002）以亏损的上市公司为研究样本，发现亏损公司更容易被出具非标准审计意见，而且其亏损程度越高，被出具非标准审计意见的概率越大。唐恋炯和王振易（2005）研究发现，资产质量越高、盈利和偿债能力越强的公司，其收到标准无保留审计意见的概率越大。吕先锫和王伟（2007）在对行业平均流动资产周转率指标的研究中发现，该指标和公司收到的非标准审计意见呈现显著的负相关关系。

3. 公司治理

刘霄仑等（2012）认为治理状况良好的公司，能给注册会计师发出有利信号，即良好的治理结构发生违法的概率较低，审计师的感知风险降低，公司更容易收到标准无保留审计意见。上市公司因提高其治理水平而改善了其财务信息的质量，使得最终被出具非标准审计意见的概率变小（Chen et al.，2001）。公司设置的审计委员会存在的关联董事占比同公司被出具的审计意见类型呈负相关关系（Carcello and Neal，2000）。Beasley（1996）研究了独立董事占比对发生财务报告舞弊可能性的影响，发现企业的独立董事占比越高则非正常应计项目越少，发生财务报告舞弊的可能性越小，最终越有可能获得标准审计意见。唐跃军（2008）认为上市公司在董事会中设立审计委员会能够有效制约管理层审计意见购买行为。王跃堂和赵子夜（2003）在探索股权制衡对审计意见类型的影响时发现，上市公司的股权制衡度越高，则越不可能被出具非标准无保留审计意见，这二者具有负向影响关系。梁淑香（2007）认为上市公司持股第二、第三位的股东对企业第一大股东的监督制衡力不足，第一大股东的股权占比越高则被出具非标准审计意见的可能性越小。王震和彭敬芳（2007）研究发现，上市公司流通股所占比例与公司收到标准无保留审计意见的可能性成反比。张敏等（2011）认为机构投资者股权占比是表现企业外部治理环境的重要变量，机构投资者股权占比越高，企业聘请大型会计师事务所的可能性越大，最终越容易得到标准无保留审计意见。

4. 盈余管理

公司盈余管理程度对审计师出具的审计意见类型具有显著的影响，盈余管理程度越大的企业，越容易被出具非标准审计意见（Nogler，1995；万宇洵和任志能，2004；刘继红，2009）。Chen 等（2001）同样认为盈余操纵产生的盈余管理程度与公司被出具标准无保留审计意见的可能性成反比关系。Bradshaw 等（2001）研究了经营性应计额与企业被出具非标准审计意见之间的关系，结果发现二者间具有正向影响关系，即企业的经营性应计额越大，越有可能被出具非标准审计意见。曹琼等（2013）按照盈余管理程度将企业分为高组与低组，研究发现盈余管理程度与企业收到非标准审计意见的可能性之间的显著关系仅在高组存在，同时，较高的审计费用会调节两者之间的关系。

二 会计师事务所层面

1. 事务所规模

会计师事务所的规模是其独立性和客观性的一种体现，规模越大越不容易受到单个客户的影响，就越容易出具非标准审计意见（Knapp，1985）。黄天笑（2012）通过对制造行业的企业进行深入研究，发现制造行业企业聘请的事务所规模越大，企业就越有可能收到非标准审计意见。Palmrose（1988）认为规模大的会计师事务所独立性较强，其对财务状况较差的客户更倾向于出具非标准审计意见。Teoh 和 Wong（1993）同样认为规模较大的事务所其市场地位较高、具有更为独立的经济能力，因此受被审计公司的影响小，更容易根据实际情况出具非标准审计意见。实际上，多数学者的研究结果显示，事务所规模越大，自身的市场地位越高，考虑到一旦审计失败导致的声誉损失，就越可能出具非标准审计意见（王跃堂和赵子夜，2003）。而也有少部分文献认为事务所规模和审计意见之间并不存在明显的相关关系（夏立军和杨海斌，2002；贺颖和轩春雷，2009）。刘笑霞和李明辉（2011）通过对沪深公司进行实证研究，发现会计师事务所的规模同上市公司方收到审计意见的类型总体呈现"U 形"变化趋势。

2. 审计师变更

Chow 和 Rice（1982）的研究认为公司上一期若收到非标准审计意见，则本期变更会计师事务所的概率更大，然而变更后公司本期收到的审计意见并未得到显著改善。Krishnan 和 Stephens（1996）同样发现公司上一期若被出具持续经营疑虑意见，则本期更倾向于更换事务所，但是事务所变更后公司本期收到的审计意见没有得到显著改变。Lennox（2000）基于一个审计意见影响因素的预测模型进行研究，首先预测不更换事务所的企业会收到的审计意见类型，然后与其变更后收到的实际审计意见做比照，发现企业通过更换事务所实现了对审计意见的购买行为。耿建新和杨鹤（2001）研究发现，上市公司在收到非标准无保留审计意见后，更倾向于在下期审计时更换会计师事务所，且更换后成功实现了对审计意见的购买行为。杨鹤和徐鹏（2004）同样认为公司通过对为其提供审计服务的会计师事务所的变更成功实现了对审计意见的购买行为。公司本期对事务所进行变更的主要诱因为其上期收到了非标准审计意见（杨婧和吴良海，2011）。陈淑芳和曹政（2012）也得出相同结论，认为公司在本期更换会计师事务所，实现了对下期审计意见的购买行为。但于雳和马施（2009）却认为事务所的变更没有对审计意见类型产生显著影响。

三 外部环境层面

外部环境是影响审计师风险感知的重要因素，媒体负面报道多（周兰和耀友福，2015）或者投资者关注度高（吕敏康和刘拯，2015）都意味着企业面临较为严苛的外部环境，此时审计师能够感知到更高的审计风险，因此更可能根据企业实际情况出具客观的非标准无保留审计意见。相反地，分析师跟进（储一昀等，2017）和公司公益性捐赠（王娟和潘秀丽，2018）会让审计师认为公司具有良好的外部信息环境和较强的企业社会责任感，进而增加出具标准无保留审计意见的可能性。王爱国和尚兆燕（2010）探讨了法律惩治对审计意见类型的影响，结果表明随着法律惩戒力度的提高，审计师出具非标准审计意见的可能性显著增大。高增亮和张俊瑞（2019）的研究发现金融危机期间我国审计师在审计业务中存在审计收费溢价现象，但是收费升高的同时审计质量发生了下降。Geiger等（2014）发现在全球金融危机期间，审计师会更倾向于向亏损的企业出具非标准审计意见。法律惩戒力度的增强（王爱国和尚兆燕，2010）和资本市场开放（罗棪心和伍利娜，2018）提高了审计师的潜在诉讼风险和声誉成本，这导致审计师在出具审计意见时更加谨慎，更倾向于出具非标准审计意见。

第五节 文献评述

本章根据研究目的，分别对高管变更的经济后果、审计师风险应对的影响因素进行梳理。已有文献对高管变更经济后果的研究主要集中在企业战略规划、经营决策、绩效和盈余管理等方面，对审计师风险应对行为的研究主要从审计收费、审计投入以及审计意见三个维度展开。已有文献多从公司层面的资产规模、公司风险、公司治理、内控质量、盈余管理，事务所层面的事务所规模、审计师变更，外部环境层面的经济环境、制度环境与媒体关注度等角度来研究审计师风险应对的影响因素。该领域尚缺少对高管变更与审计师风险应对之间关系的系统性探讨，这不利于对高管变更的经济后果做出全面、准确的评价，也不利于清晰地理解审计师能否有效识别和应对高管变更这一高风险情境，以保证审计质量。通过对相关文献的梳理，可以发现现有的研究只探讨了 CEO 变更对审计收费的影响，但我国相比西方国家的特殊性在于董事长往往也扮演着西方国家企业总经理（CEO）的角色，尤其是在国有企业中，董事长是代表"国家"管理和执行企业事务的代理人，主要负责制定企业发展战略和把握企业前进方向。我国上市公司有一半左右为国有企业，因而将董事长纳入高管变更研究范围是非常有必要的。此外，已有研究只关注了审计师在 CEO 变更后审计收费方面的变化，没有涉及对审计师风险应对措施的系统性研究。然而审计收费只能够反映审计师面对高风险审计业务时在经济补偿方面做出的调整，并不能反映审计师是否进行了更多的审计努力以及是否出具了更为谨慎的审计意见以有效降低审计风险、保证审计质量。审计收费、审计投入与审计意见这三种决策维度彼此间有着密切的联系，具有联动效应，并贯穿于审计业务始终，将审计收费、审计投入和审计意见整合在一个框架内进行研究，才能够更全面、系统地理解某一情境对审计师行为的影响（沈维成，2019）。这就为本书全面系统地考察高管变更对审计师风险应对的影响创造了研究空间，为明确审计师能否识别高管变更带来的风险并加以有效应对来保证财务信息质量提供了研究基础。

基于前人研究可以发现，审计师在面对上市公司特定行为或风险事件时，针对不同的风险，在审计投入与审计意见类型方面存在两种不同的应对态度。在审计投入方面，大部分学者的研究认为审计师对于识别出的特定风险给予了积极态度，在面对上市公司控股股东股权质押、公司债务违约、产品市场竞争激烈、商誉减值等情况下，审计师在提高审计收费的同时，确实进行了更多的审计投入。然而，也有部分学者发现审计师面对诸如上市公司海外投资增大、存在未决诉讼、媒体负面报道增多等情况时，在提高审计收费的同时并没有增大审计投入，提高的审计收费只是成为风险补偿手段，而没有促使审计师积极地提高审计努力程度来降低审计风险。在审计意见方面，部分研究认为在市场机制的作用下，审计意见购买最终会体现在审计收费上，异常审计收费的增加与审计意见的改善，即标准无保留审计意见呈正相关。债务违约风险越高的公司越有可能进行审计意见购买，并且这样的公司审计费用也越高。也有部分学者认为审计师在一些风险情境下遵循了审计准则与职业道德要求，如当企业存在控股股东股权发生质押、短期借款增大、债务违约行为等风险情境时，审计师在收取更高审计费用的同时对上市公司出具了非标准无保留审计意见。因此，审计师面对上市公司高管变更这一风险情境，在提高审计收费的同时，是否进行了更多的审计努力并出具了恰当的审计意见，进而保障了审计质量，有待于深入探讨。

第六节　本章小结

本章围绕研究主题和研究目的，对高管变更的经济后果、审计师风险应对影响因素的相关文献进行梳理。已有文献对高管变更的经济后果的研究主要集中在企业战略规划、经营决策、绩效以及盈余管理等方面，对审计师风险应对行为的研究主要从审计收费、审计投入以及审计意见三个维度展开。已有研究多从公司层面的资产规模、公司风险、公司治理、内控质量、盈余管理，事务所层面的事务所规模、审计师变更，以及外部环境层面的经济环境、制度环境、媒体关注度等角度对审计师风险应对的影响因素进行研究。经梳理发现高管变更对审计师风险应对的影响并没有得到重视，基于此，本章明确了本书的研究重点，为后续的实证研究奠定了基础。

第三章 理论基础

本章主要综合运用委托代理理论、信息不对称理论、高阶理论和审计保险理论分析高管变更对审计师风险应对的影响。首先通过委托代理理论、信息不对称理论以及高阶理论分析我国上市公司高管变更导致的企业盈余管理程度和战略调整程度的升高；其次结合审计保险理论，分析审计师在风险导向下，如何识别审计业务风险并加以应对。本章内容为后续研究中的假设提出和实证研究提供了理论基础。

第一节 委托代理理论

一 委托代理理论的内容

委托代理问题最早可以追溯到 Smith（1776）在《国富论》中提到的一种现象，即"股份公司中的董事使用的他人钱财，不要期望他们会有私人公司合伙人那样的觉悟去经营公司"。这种现象就是委托代理问题的雏形。随着公司理论研究的不断深入，美国学者 Berle 和 Means（1932）倡导企业所有权和经营权分离，建议企业所有者让渡经营权、保留剩余所有权，聘请具有专业技能的管理者经营，这种委托关系有利于优化资源配置。但是企业所有权和经营权的分离会使利益出现冲突，所有者只拥有剩余索取权，无法参加到企业的日常经营中对管理行为实施监管，管理层无论经营优劣都无法获得经营企业得来的全部收益，因此，在所有者缺乏对管理者监督的情况下，管理者会通过管理行为谋取私利，从而损害企业利益。Berle 和 Means（1932）将以上这种所有者和经营者之间的利益矛盾定义为代理问题，由此开启了委托代理理论的先河。到了20世纪六七十年代后，一部分经济学家通过研究企业内部信息不对称问题和激励问题来揭示企业投入产出间的"黑匣子"，带动了委托代理理论的快速发展。越来越多的学者开始研究企业委托代理问题。Jensen 和 Meckling（1976）在深入研究契约理论的基础上正式提出了委托代理理论，并将该理论纳入现代公司治理框架体系中。Jensen 和 Meckling（1976）提出，在委托代理关系中，契约双方签订协议，约定委托方将资源授予代理方，并根据代理方履约的数量和质量支付相应的报酬。在理性经济人假设下，委托方和代理方都会以自身利益最大化为目标，从而产生代理冲突。原因在于，管理者通过经营所获得的收益并不能全部归属于自己，同时还要承担企业经营失败的风险，相比之下，管理者在自利驱使下利用企业经营权为自己谋私时，可以享有决策的全部收益，同时风险由企业承担。因此管理者与股东的利益函数是不一致的，管理者会为了个人利益做出有损企业的行为，产生委托代理成本，而股东会制定各种监督和激励措施降低委托代理成本，阻止管理者的机会主义行为。其中提倡用激励手段降低委托代理成本的学者认为，股东可以采取如股票、期权等激励措施将自己与管理者的利益捆绑在一起，通过身份转变减少机会主义行为。另外，提倡用监督措施降低委托代理成本的学者认为，高效的信息披露机制可以有效降低企业内部的信息不对称，从而让管理者意识到自利行为暴露的风险，进而减少机会主义行为。

二 委托代理理论在本书的运用

1. 委托代理理论与高管变更后的盈余管理

在企业发展过程中，随着规模的不断扩大，企业所有者会逐渐雇佣职业的经理人从事经营管理工作，于是，在企业内部产生了委托代理关系。委托代理理论明确了在企业所有者和管理者利益不一致的情况下，管理者可能会通过自利行为实现自身利益最大化。在现实中，由于股东对管理者经营能力的评判通常是基于企业绩效，而且管理者的薪酬与经营绩效也高度相关（杜兴强和王丽华，2007），管理者可能会通过盈余管理行为来获取自身利益。通常情况下，上市公司在高管变更前后，其会计信息质量会受到盈余管理程度加深的影响。李增福和曾晓清（2014）认为公司在高管变更期间，前任高管为了自身经济利益与职业声誉，存在对公司业绩进行正向调整的倾向。继任高管可能会利用权力交替当年企业财务绩效责任归属的不清晰性，向下调整盈利水平，不仅可以将业绩低的责任推给前任高管，还可以为自己未来向上调整利润提供空间（朱星文等，2010；林永坚等，2013）。在盈余管理方式上，Pourciau（1993）发现继任高管在接手管理工作初期会使用应计盈余管理，通过变更应计项目进行向下的利润操纵，这样就可以通过累计摊销方式的改变将责任归结到前任，而在上任第二年则通过盈余管理手段向上调整利润，从而达到向企业所有者传递良好绩效信号的目的。林永坚等（2013）认为在高管变更当年，继任高管存在利用应计项目调减利润的盈余管理行为，但没有利用真实活动的盈余管理行为；在继任高管上任后第一、第二个完整会计年度，会同时利用应计项目和真实活动调增利润。由此可见，企业所有者与经营者之间的委托代理关系在一定程度上决定了盈余管理的存在，尤其在公司高管变更期间，更容易出现盈余管理问题。

2. 委托代理理论与外部审计需求

根据委托代理理论可知，企业所有者和管理者利益不一致，所有者以企业利益最大化为目标，管理者更容易以个人利益最大化为目标。即使对于高管持股的企业来说，如果高管持股比例较低，高管人员仍然可能以个人利益最大化为目标，从而产生"利益分歧效应"，高管就有可能通过包括盈余管理行为在内的机会主义行为实现自身利益最大化。此时，理性的企业所有者能够预测到高管采取机会主义行为的可能性，可能倾向于预先在高管的报酬中扣除预期损失，而高管为了避免这种损失会采取行动或做出承诺保证不损害所有者利益。此时，外部审计作为一种有效的监督约束机制被引入企业中。对于企业所有者来说，更倾向于自愿聘请外部审计，通过外部审计师对高管所提供的财务信息以及背后隐含的经济行为进行鉴证，一方面可以识别和阻止高管的机会主义行为，确保高管遵守承诺；另一方面可以向所有者提供更为专业可靠的业绩信息，有效降低代理成本。因此，依据委托代理理论，外部审计的产生并不是外部力量强制的结果，而是社会力量的选择。外部审计有助于缓解委托人和代理人之间的利益冲突，而委托代理理论也有效解释了在没有强制性法律环境下上市公司依然自愿接受外部审计的动因。

第二节 信息不对称理论

一 信息不对称理论的内容

传统经济理论中市场信息是充分的，市场参与者所做出的选择是在充分信息条件下的最优理性决策。然而现实世界中，市场参与者想获得完全的市场信息几乎是不可能的，原因在于两方面，一是获取信息需要相应的成本，受预算约束，人们很难支付掌握全面信息的成本（Stigler，1961）；二是人们对事物的认知具有局限性，加工信息的能力会受到认知水平的限制（Simon，1957）。因此，现实经济市场的信息是不充分的、不完全的，这样的市场会导致参与者对市场经济事项产生认知上的偏差，从而形成信息不对称。信息不对称是指同一经济事项在相互独立的不同经济主体之间信息分布不均衡的情况，掌握的信息越多，在市场行为下就会获取越大的利益，相反掌握的信息越少，就越会因此而蒙受损失，从整体看信息不对称会导致资本配置效率低下。Akerlof（1978）在研究二手车市场时提出信息市场的概念，发现在信息市场中，买卖双方掌握的信息是有差异的，一般情况下，买方没有卖方掌握的信息多，由于这种信息的不对称，二手车市场的整体效率降低了。信息不对称也常被用在签约、交易等场景下研究，按照时间先后顺序可以分为两种类型。第一种是当信息不对称发生在当事人签约前，即事前信息不对称模型，被称为逆向选择模型，它是指在签约或交易等行为发生前，掌握信息多的一方通过向掌握信息少的一方隐瞒情况而获得额外收益。就像 Akerlof（1978）研究的二手车市场一样，卖方掌握的车辆质量、来源等方面的信息远远多于买方，因此卖方常常将"坏车"卖"好车"的价格，从而获取超额收益。由于买方分不清车辆质量，长此以往，出现"坏车驱逐好车"的现象，市场效率会下降。第二种是当信息不对称发生在当事人签约后，即事后信息不对称模型，被称为道德风险模型，它是指在签约或交易等行为发生后，掌握信息少的一方难以对掌握信息多的一方实施有效监督，导致掌握信息多的一方通过机会主义行为实现利益最大化。Arrow（2004）的研究发现，医院中的医生有时会利用病人对病情掌握的信息少的客观事实来延长治疗时间，获得更多收益。Spence 和 Zeckhauser（1978）在研究保险市场时发现该行业存在道德风险问题，投保人在保险交易后，会利用保险公司在信息上的弱势，通过故意制造事故造成财产损失，从而获得保费赔偿。

二　信息不对称理论在本书的运用

1. 信息不对称理论与高管变更后的盈余管理

在高管变更后的盈余管理中信息不对称体现在两个方面。首先是企业股东与高管人员之间的信息不对称，股东往往难以全面了解高管人员在经营管理过程中做出的有关决策和经营成果的真实情况，这就给高管人员提供了利益操纵的机会，尤其是高管人员发生变更后，继任高管为了实现其自利行为，会通过盈余管理的手段在其上任当年与后一年进行利润的调减与调增，以证明自身能力强于前任高管，并且由于薪酬通常与经营绩效挂钩，继任高管的盈余管理倾向会增强。其次是上市公司高管与外部投资者之间存在着一定的信息不对称。财务报表的披露是降低上市公司与投资者之间信息不对称程度的重要手段。然而，公司高管人员为了实现自身利益最大化目标，在披露的财务报告中存在着盈余管理行为。因为高管人员，尤其是继任高管具有向资本市场显示其经营能力良好的动机，所以会进行盈余管理行为。同时管理者也有满足外部分析师预期的意愿，尤其对于上市公司而言，潜在的市场投资者会参考外部分析师的意见进行投资，管理者为了吸引投资者，降低企业融资成本，就会在一定会计期间操纵盈利情况以满足分析师预期，并实现向广大投资者传递企业良好形象和信誉的目的。基于以上两方面原因，高管人员尤其是继任高管存在很强的盈余管理动机，这进一步加深了几个参与方之间的信息不对称程度。

2. 信息不对称理论与外部审计需求

在资本市场中，普遍存在着以信息为基础的经济活动，尤其在股票交易关系中，投资者往往是信息相对缺乏的一方，而市场中谁掌握的信息更充分、准确，谁就能获得更高的收益。因此，投资者会通过不同渠道收集更多可靠、有用、客观的信息用于指导决策。其中，财务报告是投资者评价企业优劣、做出投资决策的重要依据，但管理者有盈余管理倾向，且更愿意披露对自己有利的信息，隐瞒对自己不利的信息。这一方面使投资者对财务信息的公允性产生怀疑；另一方面使投资者难以辨别好坏，可能导致逆向选择。因此，投资者急需公司外部的专业人士对公司披露的诸如财务报告、重大公告等信息进行甄别，尤其是对财务报告的公允性、真实性等进行评定，从而降低信息不对称可能给投资者造成的损失。基于此，独立的第三方外部审计需求应运而生，其目的在于给信息增信，降低投资双方的信息不对称程度，对投资者进行有效的保护。

第三节 高阶理论

一 高阶理论的内容

很多研究公司治理的学者在委托代理理论和信息不对称理论的基础之上，认为企业管理者是理性经济人，他们的决策是理性的、有效的，他们行为的出发点是效用最大化的。但行为经济学的学者认为管理者并不是完全理性的，管理者在现实世界中，其认知和行为与理性经济人假设存在一定偏差，做出的决策通常是有限理性的，不同管理者的决策模型都是有差异的。基于这一想法，Hambrick 和 Mason（1984）将管理者的有限理性和异质性放入领导理论研究中，提出了高阶理论。该理论认为，管理者的心理特征，如认知水平、价值倾向等因素都会对企业决策和战略的选择产生重要影响。原因在于，管理者难以掌控和预测企业内外部所有的信息，因此只能凭借自身经验和主观认知对事物进行判断并做出决策。而管理者的经验和认知的差异可以在一些人口统计学变量中有所体现并加以区分，如年龄、性别、受教育水平、任期、特长、经历等。总体而言，高阶理论有两个主要观点，一是不同高管在相同组织环境和战略信息下做出的决策和对信息的解读是存在差异的；二是造成差异的原因来自高管自身的价值观、经历、认知和个人特征。实际上，高阶理论相比于传统理论的优势在于，它突破了理性经济人假设，将更符合实际的假设引入高管研究中，认为企业高管在信息掌握上是有限的，并且在偏好、擅长领域等方面存在差异，所以在相同环境下，不同高管的决策存在差异。基于此，Hambrick 和 Mason（1984）进一步深入研究发现，要想充分了解一个企业的决策和发展，不仅要掌握企业物理层面的信息，更要深入了解高管的特征，即人的因素。于是他们得出了两个结论，一是对高管团队的观察比对高管个人的观察更为有效；二是在测量高管价值观和认知方面，人口统计学特征是有效的测量变量。

二 高阶理论在本书的运用

近年来，众多学者对高管异质性影响公司战略决策这一议题产生了浓厚的兴趣。多数研究的理论基础源于高阶理论，逻辑大致为管理者个人特征的差异表现在价值倾向和认知能力等方面，最终将体现在决策部署和战略选择的差异性上。尤其在高管变更领域的研究中，高阶理论更是得到了广泛的运用。变更前后的高管在个人特征（如年龄、性别、受教育程度、经验等）和价值观等方面存在一定差异。由于高管是公司经营决策的重要管理者，其长期的决策部署和战略选择会对公司的发展产生重要影响。因此变更高管可能给企业发展带来不确定性，降低企业战略的持续性，给企业增加风险。刘鑫和薛有志（2015）研究发现，高管变更会显著地提高企业战略调整的概率，同时，高管变更后，继任高管倾向于对企业采取变革措施。孟祥展等（2018）研究发现企业发生高管变更后，继任高管在上任的三年内会对企业进行战略变革，首先向行业平均值靠拢，之后又逐渐偏离行业平均值。Liu 等（2012）探讨了高管变更与企业国际化的关系，发现发生变更后的高管更倾向于促使企业进行国际化发展。由此可见，高管变更确实给企业战略带来了一定影响，长期来看，这种影响最终会反映在企业的经营绩效、发展方向等方面。

第四节 审计保险理论

一 审计保险理论的内容

审计保险理论起源于 20 世纪 80 年代的美国，当时美国出台政策规定，如果投资者参考了被审计过的财务报表后在投资证券过程中遭受损失，并且证实相关审计师存在审计失误或失败的客观事实，投资者有权利通过法律诉讼的手段向事务所和审计师索取赔偿（Simunic，1980；Mednick and Previts，1987）。随后，学者 Wallace（1982）从投资者因财务报表审计失误导致损失后向事务所和审计师提起诉讼并挽回损失的行为中提炼出审计保险理论，即外部审计的风险转嫁功能。该理论认为，注册会计师在为上市公司财务报告进行审计过程中，为投资者提供了信息增信服务，相当于给投资者提供了一份保险。换言之，审计师对财务报表进行审计后，通过发表审计意见对财务报告的真实性和质量做出承诺，投资者由于信任审计师的意见，从而放心将企业财务报告作为决策参考，进行投资，由此，审计师就对投资者承担了"瑕疵担保责任"。如果审计师由于缺乏职业能力、违反职业道德等原因，出具了虚假或不当的审计意见，导致投资者依据被审计的财务报告进行投资而蒙受损失，那么审计师对投资者就该承担虚假陈述的侵权责任，赔偿投资者相应损失。此后，多位学者对该理论进行了验证，证实了"审计保险功能"的存在（Chow et al.，1988；Menon and Williams，1994）。审计师出具的审计报告相当于企业财务报告的"承诺书"或"保险单"（Dontoh et al.，2013）。

实际上，在任何国家，只要法律上要求审计师对保证财务报告的公允性负有相关责任，并且在违反规定后需要补偿由此带给投资者的损失，审计的保险功能就是存在的。中国也不例外，尤其是2003年最高人民法院颁布的《关于审理证券市场因虚假陈述引发的民事赔偿案件的若干规定》进一步从法律上明确了审计师对企业财务报告和广大投资者应负的责任。同时，国内多位学者也对我国经济环境下的审计保险理论进行了实证研究，得出了在中国资本市场上存在审计保险功能的结论（伍利娜等，2010；倪慧萍和时现，2014）。

二 审计保险理论在本书的运用

审计保险理论揭示了审计的风险转嫁功能，在这一理论背景下，我国针对证券市场也陆续出台了一系列相关法律法规，明确规定了审计师需对投资者承担财务报告的"瑕疵担保责任"。例如，2007年6月11日，最高人民法院出台了《关于审理涉及会计师事务所在审计业务活动中民事侵权赔偿案件的若干规定》，在2003年出台的法规基础上，进一步详细划定了会计师事务所的责任范围。其中第五条规定了"注册会计师在审计业务活动中存在下列情形之一，出具不实报告并给利害关系人造成损失的，应当认定会计师事务所与被审计单位承担连带赔偿责任"；第六条规定了量刑标准。可见，法律法规的出台增加了审计行业违规受罚的风险，在这种背景下审计行业逐渐开始关注风险管理。审计师一方面是信息风险的减少者，通过对财务报表的有效性、公允性做出判断，降低报表带来的信息不对称；另一方面也是财务报表的保险者，企业通过雇佣会计师事务所进行审计，将一部分风险转嫁给审计师，有效降低了自身违约赔偿责任。因而，在审计行业法律监管不断完善以及存在审计不当行为会遭受很大损失的情况下，审计师在审计工作中会重点关注引发上市公司财务报告重大错报风险与经营风险的因素与情境，对自己面临的审计业务风险加以评估，进而在审计工作与审计意见中做出适当的应对与调整。

第五节　本章小结

本章主要运用委托代理理论、信息不对称理论、高阶理论以及审计保险理论分析了高管变更对审计师风险应对的影响。首先通过委托代理理论、信息不对称理论以及高阶理论分析了我国上市公司高管变更导致的企业盈余管理程度和战略调整程度的升高，厘清了高管变更带来低质量财务信息与经营风险的理论机制；其次基于审计保险理论，明确了在以风险导向为基础的审计模式下，审计定价不仅仅是对审计工作投入的经济补偿，同时也包含风险溢价，对审计收费与审计投入、审计意见的关系有了初步的了解。为后续高管变更导致的盈余管理程度与战略调整程度的升高如何影响审计师风险应对的实证研究奠定了理论基础。图3.1为本章的理论框架。

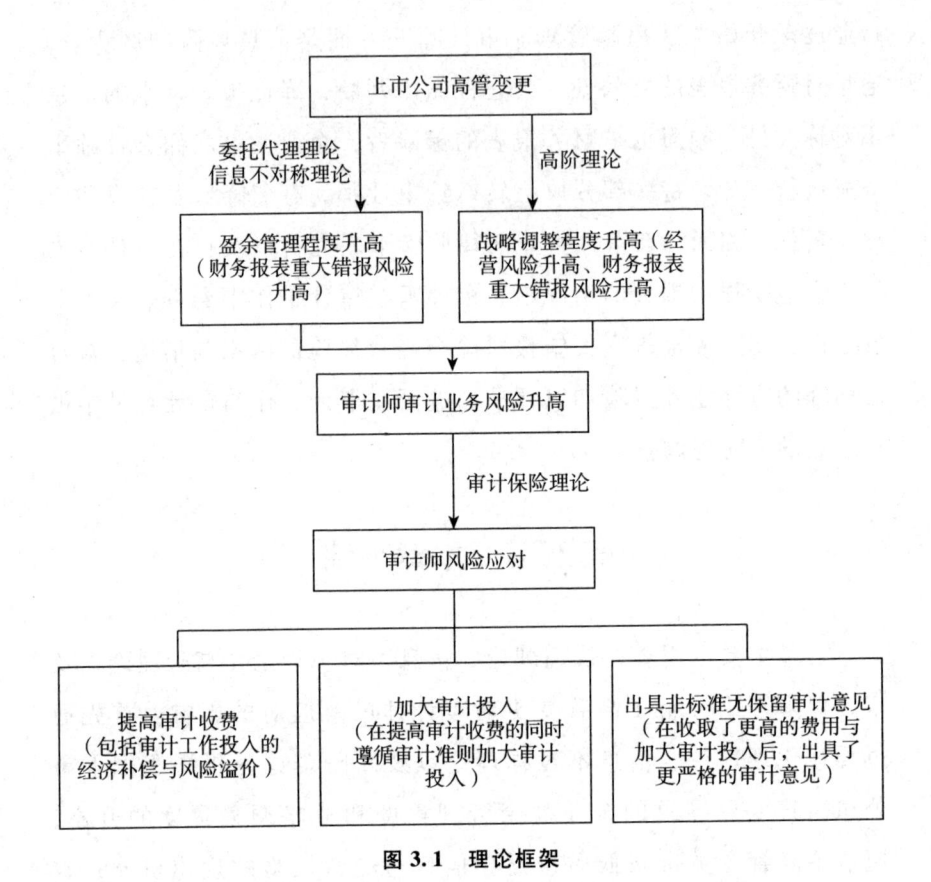

```
                    ┌──────────────────┐
                    │  上市公司高管变更  │
                    └──────────────────┘
              委托代理理论        │        高阶理论
              信息不对称理论      │
              ┌──────────────┐  ┌──────────────────┐
              │ 盈余管理程度升高│  │ 战略调整程度升高（经│
              │（财务报表重大错报│  │ 营风险升高、财务报表│
              │   风险升高）   │  │  重大错报风险升高）│
              └──────────────┘  └──────────────────┘
                        │                │
                        └────────┬───────┘
                        ┌──────────────────┐
                        │ 审计师审计业务风险升高 │
                        └──────────────────┘
                                 │ 审计保险理论
                        ┌──────────────────┐
                        │   审计师风险应对   │
                        └──────────────────┘
           ┌─────────────┬──────┴──────┬─────────────┐
    ┌────────────┐  ┌────────────┐  ┌────────────────┐
    │ 提高审计收费 │  │ 加大审计投入 │  │出具非标准无保留审计意见│
    │（包括审计工作│  │（在提高审计收费│  │（在收取了更高的费用与│
    │ 投入的经济补偿│  │ 的同时遵循审计│  │ 加大审计投入后，出具了│
    │  与风险溢价）│  │准则加大审计投入）│  │   更严格的审计意见） │
    └────────────┘  └────────────┘  └────────────────┘
```

图 3.1　理论框架

第四章 上市公司高管变更对审计收费的影响研究

上市公司高管变更会引发盈余管理程度升高,扭曲企业财务信息,同时给公司的战略规划、经营决策、财务政策等多方面带来重大影响,导致公司经营风险上升,加大财务报告的重大错报风险。审计师作为资本市场中对财务信息质量进行独立鉴证的第三方,研究其能否识别高管变更带来的风险并加以应对是非常重要的。当审计师认为审计业务风险较高时,首先会通过更多的审计工作或对高风险收取风险溢价来加以应对(Simunic,1980;冯延超和梁莱歆,2010)。无论是更多审计工作的投入还是风险溢价的补偿都会反映在审计收费的提高上。因此,本章重点考察上市公司高管变更对审计收费的影响,以检验我国审计师在高管变更带来高风险的审计业务时,在审计收费方面的调整应对。同时,进一步探究公司的产权性质、内控质量、市场势力以及媒体关注度对二者关系的影响,以明确不同情境下,审计师应对高管变更带来的风险时存在的差异。

第一节 理论分析与研究假设

首先,上市公司高管变更会导致盈余管理程度增大(Pourciau,1993;杜兴强和周泽将,2010;林永坚等,2013)。盈余管理会扭曲会计信息,增加财务报告的错报风险(Dechow et al.,1995),进而导致审计师的审计风险升高。

　　具体来说，根据委托代理理论与信息不对称理论，在理性经济人假设下，委托方和代理方都会以自身利益最大化为目标，从而产生代理冲突。企业的所有者将企业的经营管理权交给管理者，管理者根据契约关系有义务和责任提升企业的盈利能力并向企业的所有者传递经营信息。然而，管理者通过经营所获得的收益并不能全部归属于自己，他们与股东的利益是不一致的。因此，高管对股东披露的盈利与经营信息存在不真实的可能性，管理者可能会为了个人利益做出有损企业的行为（Jensen and Meckling, 1976）。尤其作为上市公司权力核心的高管（董事长与总经理），其在变更前后存在着明显的盈余管理行为。前任高管为了获取更多的经济利益与良好的市场声誉，有动机对公司业绩进行正向的盈余管理（李增福和曾晓清，2014）。继任高管在上任后会有强烈证明自己强于前任高管的动机，同时由于在其上任当年企业的盈利贡献归属并不明晰，加之股东和董事会出于对继任高管在职时间较短的考虑，对其当年的业绩不会有太高的要求，继任高管在上任年份会通过盈余管理进行利润调减，并将企业经营不良的责任推给前任高管；由于盈余管理的"反转性"，继任高管在上任的后一年，还可以进行向上的盈余管理调增利润，以证实其经营才能强于前任高管（Strong and Meyer, 1987；朱星文等，2010；林永坚等，2013）。由于高管进行盈余管理不仅仅要满足企业所有者对于企业成长与盈利的要求，也要考虑盈余管理的结果对自身未来经营的影响，因此上市公司高管变更后，不仅企业的盈余管理程度会增大，其盈余管理方式也会有所不同。继任高管在上任年度会更倾向于应计盈余管理，这是由于应计利润具有反转性，只是把该年度的收益挪到后期，同时应计项目操控便利，在年底通过会计手段即可完成（林永坚等，2013）。已有研究认为高管变更后公司经营绩效的改变并不是真实利润引起的，而是通过盈余管理实现的（朱红军，2002）。盈余管理本质上是一种利润操纵行为，应计项目的调整与虚假信息最终会损害会计信息质量（Healy and Wahlen，1999）。更高程度的盈余管理意味着上市公司的错报风险升高，影响公司经营成果公允、合理地表达（曹琼等，2013），对于审计师而言，企业盈余管理程度的升高会增加自身的审计风险。

其次，上市公司高管变更后，在战略规划上会发生一定的调整（Ndofor et al.，2009；李维安和徐建，2014；刘鑫和薛有志，2015），进而促使企业多方面经营决策的改变，引起企业绩效波动，增大企业的经营风险（Hornstein，2013；赵淑芳，2016）。企业经营风险升高不仅会提高财务报表重大错报风险进而增加审计师的审计风险（粟立钟等，2019），还会增加审计师的业务风险（翟胜宝等，2017）。

具体来说，高阶理论认为不同的高管人员在工作能力、教育背景、职场经验以及风险偏好等方面存在很大差异（Hambrick and Mason，1984）。高管变更通常会导致公司战略目标的改变（曾军等，2020；刘鑫和薛有志，2015）。这是由于高管变更会打破公司原有的权力格局，进而促使权力与资源的重新分配，为新战略的实施创造有利的发展环境（Goodstein and Boeker，1991）。战略规划作为企业发展的总方向，其改变会涉及企业多方面经营决策的改变。例如在研发投入方面，已有研究认为继任高管为了短期利益会降低企业的研发投入，抑制企业创新行为（王进朝和张永仙，2019；张兆国等，2018），尤其是高管发生变更时企业绩效水平与行业平均水平相差越大，继任高管越会降低企业的研发投入（刘鑫和薛有志，2015）；也有研究发现高管变更后企业的创新投入明显增多（韩洁等，2015），这意味着高管变更会导致企业在创新投入方面发生一定的变化。高管变更后的企业风险偏好程度会明显提高，继任高管更有动机推进企业进行国际化发展（Liu et al., 2012）。同时，高管变更后企业的投资现金流敏感性较高，且会面对更强的融资约束，贷款成本增大，债券利差降低（Pan et al., 2018），会在一定程度上提高企业的非效率投资（张巧良和刘欣佳，2014；齐鲁光，2016）。公司以亏损价格或者非盈利价格对原购入的资产进行剥离的情况的可能性增大（Weisbach，1995），使得高管变更后企业的绩效下降或者发生波动（朱红军和林俞，2003）。总之，高管变更导致的企业战略调整程度变大，会体现在企业并购重组、创新投入、融资成本乃至企业绩效等多个方面的改变上，从而加大企业的经营风险。高管变更后，由于继任高管在战略规划与经营决策等方面的重大调整，企业经营风险升高。升高的经营风险一方面会导致财务报表错报风险升高（胡春元，2001；李莎等，2019），增大审计师的审计风险；另一方面会影响企业长远稳定的发展，使公司未来经营失败的可能性提高（Bills et al., 2017），增加审计师未来被遭受损失的投资者诉讼的风险，即审计师的业务风险。

最后，高管变更导致公司盈余管理程度与战略调整程度升高，最终会提高审计师的审计业务风险。如果审计师能够有效识别上市公司高管变更带来的审计业务风险，无论是通过进行更多的审计工作以降低风险，还是对升高的审计业务风险收取风险溢价，都会提高对上市公司的审计收费（Simunic，1980）。

具体来说，我国《审计准则》规定的审计模式是以风险为导向的，要求审计人员通过了解企业的经营战略、外部环境以及会计政策等来评估审计风险。在以风险导向为基础的审计模式下，会计师事务所执行审计工作的重中之重是识别、评估和应对被审计单位的重大错报风险。《中国注册会计师审计准则第1211号——了解被审计单位及其环境并评估重大错报风险》作为专门规范风险评估的准则，明确规定"注册会计师应当了解被审计单位及其环境，以足够识别和评估财务报表重大错报风险,设计和实施进一步审计程序"。其中,了解被审计单位及其环境主要基于以下几个方面:①被审计单位性质,主要指产权性质、治理结构、投融资活动;②被审计单位的目标、战略以及相关经营风险;③了解被审计单位的行业状况、法律环境和监管环境等外部因素;④被审计单位的内部控制;⑤被审计单位财务业绩的衡量和评价;⑥被审计单位对会计政策的选择和运用。可以看出,以上审计师需要了解的因素也正是会影响上市公司经营风险与财务报表重大错报风险的因素。

审计师如果根据《审计准则》对企业进行风险评估,那么,无论是对于高管变更后盈余管理程度的升高,还是对于高管变更后战略调整程度的加大导致的经营风险升高,审计师都应该能够识别并加以应对,以降低自身的审计业务风险。因此,面对升高的审计业务风险,在《审计准则》的指引下,审计师可能会考虑通过扩大审计范围与实施更为严格的审计程序等手段来加以应对。更多的审计工作意味着审计师需要付出更多的努力与时间,最终会反映在审计收费的增加上。同时,根据 Simunic(1980)的审计定价模型,审计收费包括审计过程中投入的人力与时间等资源的补偿,与为审计失败可能承担的巨额赔偿风险而索取的风险溢价。审计师在收取费用时,一方面会考虑其审计工作的投入,另一方面还会考虑由于潜在的被处罚、诉讼风险给自身带来的损失(冯延超和梁莱歆,2010;郝玉贵和陈丽君,2013;翟胜宝等,2017;粟立钟等,2019)。因此,除了弥补更多审计工作的成本进行的提高收费外,审计师还会对升高的审计风险与业务风险收取经济补偿,即风险溢价,从而使得上市公司的审计收费提高程度进一步加大。总之,审计师无论是付出了更多的努力,还是单纯地增加收费作为风险溢价,都会反映在审计收费的提高上。

基于以上分析,本章提出如下假设。

H4-1：上市公司高管变更会显著提高审计师的审计收费。

图 4.1 是本章的理论分析框架。上市公司高管变更会导致盈余管理程度和战略调整程度增大，扭曲会计信息，增加财务报告的重大错报风险，进而导致审计师的审计风险升高。同时，高管变更后，公司在战略规划上会发生一定的调整，进而促使企业多方面经营决策的改变，甚至引起企业绩效发生波动，增加企业的经营风险。企业经营风险升高不仅会提高财务报表重大错报风险进而增加审计师的审计风险，还会增加审计师的业务风险（诉讼风险）。无论是审计业务风险升高需要更多的审计投入，还是单纯地增加收费作为风险溢价，审计师都会提高对上市公司的审计收费，即高管变更会促使审计师提高审计收费，即假设 H4-1。

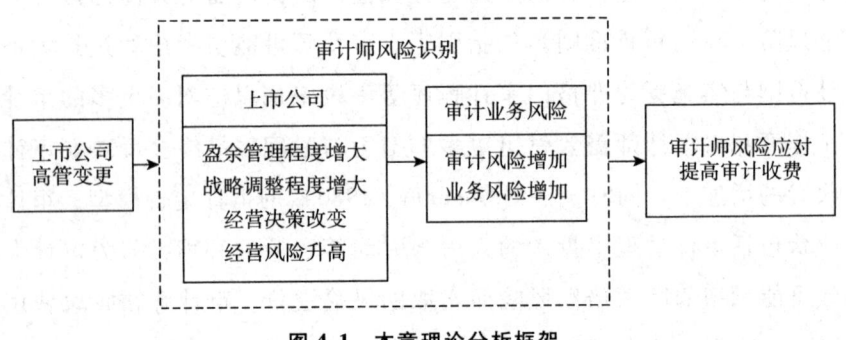

图 4.1 本章理论分析框架

第二节 研究设计[①]

一 样本选取和数据来源

我国于 2006 年实施新《审计准则》，确立了以风险导向为基础

[①] 基于第四章、第五章及第六章研究内容的关联性与逻辑性，在研究设计中，样本与控制变量的选取等方面具有相同之处。

的审计模式，审计师会更加关注那些可能会威胁企业生产经营的事项来降低自身的风险。为了避免新旧准则的差异造成实证结果出现偏差，本章选取 2007~2019 年的中国沪深 A 股上市公司为初始研究样本，并按照以下程序对样本进行筛选：①剔除金融业与保险业；②剔除 ST 及 *ST 处理的上市公司；③剔除相关实证变量数据缺失的公司年度样本。最终得到 24069 个观测值。为了消除极端值对实证结果的影响，本章对所有连续变量进行了 1% 水平的 Winsorize 处理。本章内部控制指数来源于迪博数据库，媒体关注度数据来源于中国重要报纸全文数据库，其他数据均来源于 CSMAR 数据库。

二 变量选取和定义

1. 被解释变量

本章的被解释变量为审计师的审计收费（lnFee）。已有文献对审计收费的衡量方式比较一致，主要是用上市公司审计费用取自然对数来对审计师的审计收费进行测量（韩厚军和周生春，2003；翟胜宝等，2017；王芳和沈彦杰，2018）。因此，本章用上市公司审计费用的自然对数来度量被解释变量。

2. 解释变量

解释变量为高管是否变更（Turnover），为虚拟变量，当上市公司当年发生高管变更时取 1，否则为 0。在概念界定中已详尽介绍了本书的高管为上市公司董事长与总经理（游家兴等，2010）。

3. 控制变量

公司规模（Size）：公司的规模越大，审计收费越多。沈璐和陈祖英（2020）认为公司资产规模越大，审计师的审计成本越高，事务所会收取越高的审计费用。因此，本章选取公司规模作为研究审计收费影响因素的控制变量，根据顾光等（2019）的研究，用上市公司期末总资产的自然对数来对公司规模进行度量。

资产负债率（LEV）：上市公司资产负债率代表总资产中负债的比例，因此，资产负债率越高，偿债能力越弱，融资越困难，越可能会影响企业经营稳定性。蔡吉甫（2007）认为较高的资产负债率意味着财务风险较高，容易发生财务困境，财务状况越差则意味着审计风险越大，审计费用便越高。因而本章将资产负债率纳入研究模型中是非常必要的。

总资产收益率（ROA）：总资产收益率是衡量公司盈利能力的重要指标，上市公司的总资产收益率较低，意味着企业的盈利能力较弱，企业的经营风险与错报风险升高，会促使审计师增加审计收费。基于此，本章将上市公司的净利润/总资产作为实证模型中的控制变量。

应收账款与存货比例（IRV）：审计师在审计工作中会对上市公司的应收账款进行函证，以明确上市公司的应收账款金额以及与此对应的营业收入是否真实存在，应收账款的金额以及数量越多，审计师需要进行的审计努力就越多，因此需要提高审计收费。同时，企业的存货也是资产的重要组成部分，对存货进行盘点可以检查存货这一资产是否真实存在，并且测试是否发生存货跌价，进一步明确对资产减值损失以及净利润的影响。因此，参照粟立钟等（2019）的研究，本章将应收账款与存货占总资产的比例作为控制变量。

是否亏损（Loss）：公司发生亏损表明公司的财务状况恶劣，经营失败甚至破产的可能性加大。不仅财务报表的错报风险升高会导致审计师的审计风险加大，而且未来一旦破产清算，审计师可能面临较高的诉讼风险与声誉损失。因此，企业如果发生亏损，审计师收取的费用会相应提高（蔡吉甫，2007）。本章用虚拟变量来度量公司是否发生亏损，如果发生亏损则为1，未发生亏损为0。

事务所规模（Big4）：Simunic（1980）对会计师事务所特征与

审计费用之间的关系提出了三种假设：垄断势力假设认为规模较大的会计师事务所可以通过自身的高市场占有率获得一定的垄断优势，进而收取更高的审计费用；异质产品假设认为通常情况下，由于审计质量是不能够直接衡量的，而更大规模的事务所往往拥有更多经验丰富的审计师与行业声誉优势，因此，规模更大的事务所凭借其专业能力与为企业带来的潜在的信息可靠优势，可以进行更高的审计定价；规模经济假设则认为较大的会计师事务所通过在人力储备、行业经验、客户资源等方面的积累形成规模经济从而降低审计成本，导致规模较大的事务所反而会收取相对较低的审计报酬。已有实证研究证明，国际四大会计师事务所在审计业务中确实比非国际四大会计师事务所收取了更高的费用（沈小燕和温国山，2008）。因此，本章将事务所规模纳入实证模型中，用虚拟变量加以度量。

两职合一（$DUAL$）：是指公司的总经理与董事长为同一人的现象。在两职合一的领导权力结构中，董事会对其监管约束变弱，由于权力高度集中，高管人员容易存在自利行为（Tuggle et al., 2010），给企业财务信息质量带来不利的影响。总经理与董事长为同一人时，盈余管理水平更高（Davidson et al., 2004），财务报告存在重大错报的可能性更高（O'Connor et al., 2006）。同时，两职合一的企业经营风险更高（Li and Tang, 2010）。因而，本章将两职合一这一指标加入研究影响审计收费的模型中。

股权集中度（$Shr1$）：是衡量公司大股东对公司控制程度的指标，股权集中度越高，意味着公司股东越可以有效控制公司，缓解股东与管理层之间的代理问题。大股东为了更好地监督企业运行状况与信息透明度，会提高企业的内部控制质量（吴一丁和易紫薇，2021），努力减少管理层自利行为，有利于提高公司的财务信息质量。因而，审计师对于股权集中度高的企业，可能会减少审计收费。根据陈德萍和陈永圣（2011）的度量方法，本章采用公司第一大股东持股占总股本的比例来测量股权集中度。

董事会规模（ln*Board*）：董事会规模是衡量董事会特征的重要变量，董事会规模会影响企业的盈余管理水平，进而影响财务信息质量，但是已有研究的结论并不一致。部分学者认为董事会规模越大，越有利于发挥对盈余管理的监督治理作用（伊志宏等，2010），进而对企业财务信息质量的监督越有效（Anderson et al.，2004）。还有部分学者认为董事会规模过大会降低成员之间的信息交流效率，不利于发挥董事会的治理职能，使得盈余管理水平升高（周晖和左鑫，2013）。因此，本章将其作为控制变量，采用董事会人数的自然对数进行衡量。

独立董事规模（ln*dedire*）：是指董事会中独立董事所占比例。现有文献在独立董事制度减少代理问题与约束管理层自利行为方面得出的研究结论并不统一。部分学者认为独立董事在董事会中的人数越多，越能减少高管的盈余管理行为（邓小洋和李芹，2011），也有学者认为独立董事相比管理层存在信息劣势，不能有效发挥其监督职能，甚至独立董事可能只是形式上的安排，并没有发挥其应有的治理作用（叶康涛等，2011）。审计师在审计工作中，会考虑上市公司独立董事制度的安排与其职能发挥的程度对企业财务信息质量的评价和审计收费的影响。根据李维安和徐建（2014）的研究方法，本章用独立董事人数占董事会总人数的比例对独立董事规模进行度量。

本章还控制了时间和行业固定效应。表 4.1 为变量定义。

表 4.1 变量定义

变量类型	变量名称	符号	度量方法
被解释变量	审计收费	ln*Fee*	审计费用的自然对数
解释变量	高管是否变更	*Turnover*	高管发生变更为 1，否则为 0

续表

变量类型	变量名称	符号	度量方法
控制变量	公司规模	Size	公司期末总资产的自然对数
	资产负债率	LEV	总负债/总资产
	总资产收益率	ROA	净利润/总资产
	应收账款与存货比例	IRV	（应收账款+存货）/总资产
	是否亏损	Loss	发生亏损为1，否则为0
	事务所规模	Big4	国际四大会计师事务所取值为1，否则为0
	两职合一	DUAL	总经理与董事长两职合一为1，非两职合一为0
	股权集中度	Shr1	公司第一大股东持股占总股本的比例
	董事会规模	lnBoard	董事会人数的自然对数
	独立董事规模	lndedire	独立董事人数占董事会总人数的比例

三 模型构建

本章构建模型（4.1）来检验高管变更对审计收费的影响。模型中，$\ln Fee_{it}$ 代表 t 年审计师对 i 上市公司的审计收费；$Turnover_{it}$ 代表 t 年 i 上市公司是否发生高管变更；$Year$ 和 Ind 分别代表时间和行业固定效应。

$$\ln Fee_{it} = \beta_0 + \beta_1 Turnover_{it} + \beta_2 Size_{it} + \beta_3 LEV_{it} + \beta_4 ROA_{it} + \beta_5 IRV_{it} + \beta_6 Loss_{it} + \beta_7 Big4_{it} + \beta_8 DUAL_{it} + \beta_9 Shr1_{it} + \beta_{10} \ln Board_{it} + \beta_{11} lndedire_{it} + Year + Ind + \varepsilon_{it} \quad (4.1)$$

第三节 实证结果分析

一 描述性统计分析

依据表4.2变量描述性统计的结果，可以看出，24069个样本观察值中，审计收费（lnFee）的最小值为12.429，最大值为

16.333，差异较大，表明审计师对各个公司的审计收费存在明显差异。高管变更（Turnover）的均值为0.264，表明有26.4%的公司发生了高管变更，上市公司发生高管变更的情况较为常见。公司规模（Size）的标准差为1.272，表明样本公司在规模上具有一定差异。资产负债率（LEV）的最小值为0.060，最大值为0.901，表明公司之间的负债水平差异较大，偿债能力有明显的差异。是否亏损（Loss）的均值为0.105，且总资产收益率（ROA）的最小值为-0.225，最大值为0.216，可以看出大多数公司实现了盈利，但不同公司盈利能力存在一定差异。应收账款与存货比例（IRV）的最小值为0.008，最大值为0.768，表明公司的应收账款与存货余额差异较大。事务所规模（Big4）的均值为0.059，表明样本公司中只有5.9%这一小部分是由国际四大会计师事务所审计的。两职合一（DUAL）的均值为0.187，说明样本公司中有18.7%的公司总经理与董事长是同一人。股权集中度（Shr1），即公司第一大股东持股占总股本比例的标准差为0.14936，最大值与最小值相差甚大，均值为0.34623，表明上市公司的股权集中度存在一定差异，且股权集中度普遍较高。董事会规模（lnBoard）的最大值与最小值具有一定差距，说明上市公司之间的治理结构存在一定差异。独立董事规模（lndedire）的最大值为0.600，均值为0.378，表明我国上市公司独立董事人数占董事会总人数的比例差异不大。

表4.2 变量的描述性统计

变量	样本量	均值	标准差	最小值	最大值
lnFee	24069	13.732	0.723	12.429	16.333
Turnover	24069	0.264	0.441	0	1
Size	24069	22.192	1.272	19.810	26.101

续表

变量	样本量	均值	标准差	最小值	最大值
LEV	24069	0.451	0.204	0.060	0.901
ROA	24069	0.038	0.062	-0.225	0.216
IRV	24069	0.279	0.175	0.008	0.768
Loss	24069	0.105	0.306	0	1
*Big*4	24069	0.059	0.236	0	1
DUAL	24069	0.187	0.390	0	1
*Shr*1	24069	0.34623	0.14936	0.08770	0.74820
ln*Board*	24069	2.291	0.247	1.609	2.890
ln*dedire*	24069	0.378	0.070	0.250	0.600

二 相关性分析

表4.3列示了本章模型中变量的相关系数。从表中可以看出，高管变更（*Turnover*）与审计收费（ln*Fee*）之间的相关系数为正，且在1%的水平下显著，表明在不考虑其他因素的情况下，发生高管变更的公司，审计师会收取更高的审计费用，这与假设H4-1的预期保持一致。

三 多重共线性检验

为了避免变量间的多重共线性对实证结果造成影响，本章在回归分析前计算了各主要变量间的VIF值，如表4.4所示。可以看出，模型中选取的变量间的VIF值均小于2，且VIF的均值为1.30，远低于10，表明本章模型中各变量之间不存在多重共线性问题。

表 4.3 相关性分析

变量	lnFee	Turnover	Size	LEV	ROA	IRV	Loss	Big4	DUAL	Shr1	lnBoard	Indedire
lnFee	1											
Turnover	0.060***	1										
Size	0.765***	0.052***	1									
LEV	0.296***	0.090***	0.432***	1								
ROA	-0.029***	-0.099***	0.050***	-0.341***	1							
IRV	-0.037***	-0.027***	-0.011*	0.254***	-0.019***	1						
Loss	-0.006	0.077***	-0.091***	0.183***	-0.597***	-0.044***	1					
Big4	0.455***	0.022***	0.368***	0.101***	0.044***	-0.060***	-0.035***	1				
DUAL	-0.029***	-0.088***	-0.087***	-0.091***	0.022***	0.046***	-0.008	-0.047***	1			
Shr1	0.135***	0.025***	0.238***	0.076***	0.118***	-0.016***	-0.085***	0.147***	-0.040***	1		
lnBoard	0.180***	0.239***	0.219***	0.135***	-0.048***	-0.073***	0.039***	0.079***	-0.106***	0.004	1	
Indedire	0.001	-0.119***	-0.019***	-0.063***	0.028***	0.042***	-0.033***	0.001	0.090***	0.018***	-0.155***	1

注：*、**、*** 分别表示在 10%、5%、1% 的水平下显著。

表 4.4　多重共线性检验结果

变量	VIF	1/VIF	变量	VIF	1/VIF
Turnover	1.090	0.920	Big4	1.170	0.855
Size	1.610	0.621	DUAL	1.030	0.990
LEV	1.640	0.611	Shr1	1.080	0.924
ROA	1.770	0.566	lnBoard	1.140	0.877
IRV	1.120	0.891	lndedire	1.030	0.971
Loss	1.570	0.635			
		Mean VIF：1.30			

四　实证结果及分析

表 4.5 列示了高管变更对审计收费影响的 OLS 回归结果。列（1）未加入控制变量，回归模型中仅控制了时间固定效应与行业固定效应，显示了高管变更对审计收费的直接影响，可以看出 Turnover 的回归系数为 0.0643，在 1% 的水平下显著，表明高管变更对审计收费具有显著的正向影响。列（2）与列（3）继续加入控制变量，结果表明 Turnover 的回归系数均在 1% 的水平下显著，假设 H4-1 得证。这表明上市公司高管变更会显著地提高审计师的审计收费，也就是说，审计师对于发生高管变更的公司会给予更多的关注，并对增加的审计业务风险收取更高的费用。表 4.5 中各控制变量对审计收费的影响结果基本与预期一致。公司规模（Size）对审计收费具有显著的正向影响，表明公司的资产规模越大，审计工作需要投入的人力与时间就越多，从而导致审计收费越高。资产负债率（LEV）越高的公司审计收费也越高，表明当企业的资产负债率较高时，其偿债能力弱、经营风险大，会加大审计师的风险感知，提高审计收费。总资产收益率（ROA）对审计收费具有显著的负向影响，表明总资产收益率高的公司经营比较稳定，审计师感知风险较低，审计收费

会降低。当年发生亏损（Loss）的公司其审计收费更高，这是因为发生亏损意味着上市公司经营出现了严重问题，经营风险很大，由此导致的财务报表错报风险加大，审计师无论增加审计工作量还是纯粹地收取风险溢价作为补偿来应对这样的审计风险，都会体现在公司审计收费的增加上。事务所规模（Big4）对审计收费具有显著的正向影响，国际四大会计师事务所由于具有较强的业务优势与品牌声誉优势，其审计定价水平会更高。两职合一（DUAL）对审计收费有显著的正向影响，这表明董事长和总经理如果是同一人，可能会增加管理层的自利行为，导致财务报表错报风险加大，审计收费提高。股权集中度（Shr1）升高会显著地减少审计收费，这表明股权集中度较大时，股东可以有效制衡管理层，减少代理问题，使审计师感知到的风险降低，从而降低审计收费。

表 4.5　高管变更对审计收费的影响结果

变量	(1) lnFee	(2) lnFee	(3) lnFee
Turnover	0.0643*** (6.67)	0.0213*** (3.58)	0.0234*** (3.77)
Size		0.3616*** (134.21)	0.3649*** (131.92)
LEV		0.0529*** (3.06)	0.0524*** (3.03)
ROA		-0.3226*** (-6.86)	-0.3011*** (-6.40)
IRV		-0.0001 (-0.01)	-0.0016 (-0.09)
Loss		0.0670*** (6.19)	0.0666*** (6.16)
Big4		0.6738*** (55.55)	0.6785*** (55.95)

续表

变量	(1) ln Fee	(2) ln Fee	(3) ln Fee
DUAL			0.0355*** (5.15)
Shr1			-0.0013*** (-7.04)
ln Board			0.0137 (1.21)
ln dedire			0.0403 (1.07)
常数项	13.0487*** (323.60)	5.3782*** (89.91)	5.3079*** (83.15)
时间固定效应	控制	控制	控制
行业固定效应	控制	控制	控制
R^2	0.1741	0.6818	0.6828
N	24069	24069	24069

注：*** 表示在1%的水平下显著；括号中为 t 值。

五 稳健性检验

1. 内生性检验

为了控制样本选择偏差导致的内生性问题，本章采用倾向得分匹配法（PSM）进行控制。本章选取公司规模（Size）、资产负债率（LEV）、总资产收益率（ROA）和两职合一（DUAL）为配对标准，按照1∶1无放回的最近邻匹配方法进行匹配，最终得到9973个样本。为保证匹配样本的可靠性，本章进行了平衡性检验，结果如表4.6所示。结果表明，匹配前处理组和控制组匹配变量均存在差异，且在1%的水平下显著，匹配后处理组和控制组匹配变量的差异均不显著，偏差出现了大幅度减少，表明样本匹配效果明显，显著控制了样本选择偏差问题。本章利用匹配后的样本，重新验证模型

（4.1），回归结果如表4.7列（1）所示，高管变更对审计收费的影响并未有实质性改变。

表4.6 PSM匹配变量平衡性检验

变量	是否匹配	处理组	控制组	t值	偏差（%）	匹配后偏差减少（%）
Size	匹配前	22.309	22.154	8.11***	11.7	84.4
	匹配后	22.310	22.334	-1.00	-1.8	
LEV	匹配前	0.48378	0.44105	14.04***	20.3	94.3
	匹配后	0.48318	0.48075	0.64	1.2	
ROA	匹配前	0.02491	0.04174	-15.42***	-20.9	91.6
	匹配后	0.02551	0.02692	-0.94	-1.8	
DUAL	匹配前	0.13008	0.20786	-13.68***	-20.9	91.9
	匹配后	0.12996	0.12366	1.07	1.7	

注：*** 表示在1%的水平下显著。

2. 其他稳健性检验

（1）固定效应检验。本章继续采用固定效应模型对高管变更影响审计收费的回归进行检验。从表4.7列（2）所示结果可知，高管变更的回归系数依然在1%的水平下显著，表明结果是稳健的。

表4.7 PSM检验与固定效应检验结果

变量	（1）PSM lnFee	（2）固定效应 lnFee
Turnover	0.0275*** (3.20)	0.0119*** (2.80)
Size	0.3674*** (85.76)	0.5249*** (175.88)
LEV	0.0302 (1.14)	-0.1935*** (-10.67)
ROA	-0.4879*** (-6.53)	-0.6402*** (-17.96)

续表

变量	（1）PSM lnFee	（2）固定效应 lnFee
IRV	0.0122 (0.43)	-0.0760*** (-3.46)
Loss	0.0430*** (2.62)	0.0332*** (4.45)
Big4	0.6565*** (36.02)	0.3185*** (18.27)
DUAL	0.0266** (2.19)	0.0118* (1.69)
Shr1	-0.0011*** (-3.93)	-0.0029*** (-10.57)
lnBoard	-0.0069 (-0.39)	0.0925*** (9.17)
lnIndedire	0.0427 (0.73)	-0.0336 (-1.10)
常数项	5.3126*** (53.61)	2.0885*** (30.35)
时间固定效应	控制	
行业固定效应	控制	
R^2	0.6902	0.5758
N	9973	24069

注：*、**、***分别表示在10%、5%、1%的水平下显著；括号中为t值。

（2）更换被解释变量审计收费的度量指标。为了验证实证结果的可靠性，本章重新选用度量审计收费的计算方式，借鉴粟立钟等（2019）的研究，用（审计费用/总资产）×1000万元来度量审计收费。回归结果如表4.8列（1）所示，可以看出，高管变更对审计收费的正向影响依然显著，表明结论较为稳健。

（3）更换解释变量高管变更的度量指标。本章借鉴方军雄（2012）、齐鲁光和韩传模（2015）以及林永坚等（2013）的研究，将高管变更重新定义为仅总经理变更、仅董事长变更，并分别检验两种变更情况下对审计收费的影响。由表 4.8 列（2）与列（3）可知，仅总经理变更或者仅董事长变更对审计收费的正向影响依然显著为正。

表 4.8 更换变量指标的检验结果

变量	（1）更换被解释变量 $\ln Fee$	（2）总经理变更 $\ln Fee$	（3）董事长变更 $\ln Fee$
Turnover	155.09*** (3.25)	0.0216*** (3.17)	0.0172** (2.17)
Size	−1986.05*** (−93.67)	0.3646*** (131.86)	0.3645*** (131.81)
LEV	2185.43*** (16.47)	0.0523*** (3.03)	0.0529*** (3.06)
ROA	−2829.79*** (−7.84)	−0.3033*** (−6.44)	−0.3049*** (−6.48)
IRV	−1301.11*** (−9.38)	−0.0018 (−0.10)	−0.0017 (−0.09)
Loss	343.18*** (4.14)	0.0669*** (6.18)	0.0663*** (6.12)
Big4	2574.17*** (27.68)	0.6787*** (55.96)	0.6784*** (55.93)
DUAL	196.57*** (3.72)	0.0355*** (5.15)	0.0345*** (5.01)
Shr1	−0.37 (−0.26)	−0.0013*** (−6.95)	−0.0013*** (−6.98)
lnBoard	26.62*** (3.23)	0.0022** (2.09)	0.0022** (2.08)
lnNedire	856.10*** (2.98)	0.0357 (0.95)	0.0375 (1.00)
常数项	44048.54*** (93.37)	5.3782*** (89.91)	5.3255*** (86.56)
时间固定效应	控制	控制	控制
行业固定效应	控制	控制	控制
R^2	0.3436	0.6828	0.6827
N	24069	24069	24069

注：**、*** 分别表示在 5%、1%的水平下显著；括号中为 t 值。

第四章 上市公司高管变更对审计收费的影响研究

（4）改变样本量。考虑到上市公司高管变更当年改变雇佣的会计师事务所给结果带来的影响，剔除总体 24069 个观测样本中的 3171 个发生了会计师事务所变更的样本，最后对得到的 20898 个样本进行检验。同时，考虑到 2008 年的全球性金融危机，这一年的样本可能导致结果存在一定偏差，为了消除这种影响，在样本中删除了 2008 年的数据重新进行回归。表 4.9 列（1）与列（2）分别显示了删除会计师事务所发生变更以及 2008 年样本数据的结果，高管变更对审计收费的影响依然在 1% 的水平下显著为正，表明实证结果是稳健的。

表 4.9 改变样本量的检验结果

变量	（1） $\ln Fee$	（2） $\ln Fee$
$Turnover$	0.0264*** (3.95)	0.0236*** (3.71)
$Size$	0.3664*** (123.77)	0.3651*** (129.60)
LEV	0.0457** (2.45)	0.0603*** (3.42)
ROA	-0.3043*** (-6.01)	-0.3009*** (-6.28)
IRV	0.0017 (0.09)	-0.0043 (-0.23)
$Loss$	0.0660*** (5.68)	0.0627*** (5.65)
$Big4$	0.6974*** (53.11)	0.6608*** (53.24)
$DUAL$	0.0247*** (3.37)	0.0355*** (5.09)
$Shr1$	-0.0013*** (-6.49)	-0.0013*** (-6.93)

续表

变量	（1） ln*Fee*	（2） ln*Fee*
ln*Board*	0.0109	0.0139
	(0.90)	(1.20)
ln*dedire*	0.0504	0.0427
	(1.26)	(1.12)
常数项	5.2846***	5.3074***
	(77.10)	(81.59)
时间固定效应	控制	控制
行业固定效应	控制	控制
R^2	0.6861	0.6789
N	20898	23118

注：**、***分别表示在5%、1%的水平下显著；括号中为t值。

第四节 进一步分析

在考察了上市公司高管变更对审计收费影响的基础上，本章接下来继续探讨企业异质性（产权性质、内控质量、市场势力与媒体关注度）在高管变更与审计收费关系中发挥的调节作用，以进一步理解审计师的风险应对行为。同时，本章在理论分析梳理出高管变更通过提高企业的盈余管理程度与战略调整程度促使审计师提高审计收费的基础上，运用中介效应模型对此进行实证检验，以明确我国审计师在高管发生变更的审计业务中，具体是基于何种因素的考虑提高了审计收费。

一 产权性质的差异

在我国，由于产权性质的不同，国有企业与非国有企业在资源获取、政府帮扶力度、政策限制等方面存在较大差异（李敏才和刘峰，2012），这种差异导致同一经济行为在国有企业和非国有企业中所产生的经济后果有所不同（张敏等，2010）。由于天然的政治关联以及"预算软约束"的存在，国有企业能够以较低的成本获得银行贷款支持，更容易享受税收减免和财政补贴等优惠政策，面临的融资约束程度较小，经营风险较低（林毅夫和李志赟，2004；田利辉，2005）。对于国有企业而言，当高管发生变更时，其重大战略目标的改变不仅需要董事会通过，更需要国有资产监管部门的认可（贾明和张喆，2015）。因此，相比于非国有企业，国有企业发生高管变更后的战略目标与经营决策的变化程度更低，审计师对其评估的审计业务风险会更小，会进一步弱化审计师的反应程度。此外，在国有企业监管框架之下，企业运营处于一张严密且复杂的监控网之中，高管人员对于达到财务业绩标准的压力较小，更多情况下还是出于"政绩"需要而追求公司利润最大化（马曙光等，2005）。国有企业继任高管对利润操纵的动机更低且面临的监管环境更严格，因此审计师对国有企业继任高管的盈余管理行为带来报表错报风险的感知会降低。也就是说，对于非国有企业发生高管变更的审计业务，审计师对其的感知风险会更高，进而收取更高的审计费用。

如表4.10所示，将样本公司分为国有企业组和非国有企业组，分别考察高管变更对审计收费的影响。结果表明，相比于国有企业组，非国有企业组中高管变更对审计收费的正向影响更为显著。这也进一步表明，审计师在发生高管变更的非国有企业审计中会收取更高的审计费用。审计师在面对发生高管变更的审计环境中，能够识别出高管变更带来的审计风险的提高，并将其反映在审计收费的增加上。同时，审计师会考虑上市公司的产权性质，由于国有企业相比非国有企业，在经营稳定性方面更有优势，审计业务风险相对较低，因而会降低对其审计收费的提高程度。

表 4.10 高管变更、产权性质与审计收费检验结果

变量	国有企业组 lnFee	非国有企业组 lnFee
Turnover	0.0124	0.0320***
	(0.66)	(3.92)
Size	0.4042***	0.3357***
	(94.03)	(90.27)
LEV	-0.0920***	0.1842***
	(-3.22)	(8.57)
ROA	-0.4940***	-0.2059***
	(-5.18)	(-3.96)
IRV	0.0122	-0.0258
	(0.42)	(-1.14)
Loss	0.0382**	0.0854***
	(2.20)	(6.30)
Big4	0.6721***	0.6275***
	(41.15)	(33.01)
DUAL	0.0469***	0.0169**
	(2.80)	(2.32)
Shr1	-0.0024***	-0.0001
	(-7.96)	(-0.56)
lnBoard	0.0217**	0.0258*
	(2.32)	(1.85)
lndedire	0.1639**	-0.1227***
	(2.56)	(-2.73)
常数项	4.5697***	5.8915***
	(47.23)	(66.84)
时间固定效应	控制	控制
行业固定效应	控制	控制
R^2	0.7258	0.6216
N	10592	13477

注：*、**、*** 分别表示在 10%、5%、1% 的水平下显著；括号中为 t 值。

二 内控质量的差异

内部控制制度是使企业行为符合相关法律法规、保证企业财务报告可靠并最终提高经营活动效率的制度安排。内部控制质量的高低取决于内控制度的设计是否合理、运行是否有效。对于高管发生变更的公司而言，继任高管对公司实施的诸如并购、研发、融资等多方面战略规划的改变，会加大财务报表错报风险。高质量的内部控制可以有效监督这一过程的财务核算工作（刘启亮等，2013b），降低财务报表发生错报的可能性。在内部控制质量较高的企业中，审计师在考虑高管变更所带来经营风险升高的同时，基于对内部控制有效性的信任，对由高管变更引发的财务报表错报风险的评估可能不会显著增强。

已有研究认为内部控制制度的践行能够约束经理人的自利行为，使得公司行为合规合法（卢锐等，2011）。继任高管虽然存在利润操纵的动机，但在高质量的内控环境下，完善的内部监督使其难以实现盈余的操控行为。这也就意味着，有效的内控制度会降低继任高管进行盈余操纵的可能性（方红星和金玉娜，2011）。因此，审计师在考虑高管变更影响盈利真实性的同时，良好的内部控制环境会减弱其对高管变更导致的审计风险增加的感知，从而减小高管变更对审计工作范围与收取风险溢价的影响。反之，对于内控质量较低的公司而言，无论是高管变更导致的经营业务复杂性增强，还是缺乏有效内控监督引发的继任高管进行更多的盈余管理行为，都会使得审计师在考虑较薄弱的内部控制时，感知到的审计风险进一步放大（王爱群等，2021）。基于以上分析，相比于内控质量较高的公司，内控质量较低的公司发生高管变更时，审计收费的增加更为显著。

如表4.11所示，将样本公司分为低内控质量组和高内控质量组，分别考察高管变更对审计收费的影响。内部控制质量用迪博数据库中的内部控制指数来衡量（张先治等，2018）。结果表明，在高内控质量组中，高管变更对审计收费的影响不显著；在低内控质量组中，高管变更对审计收费的影响在1%的水平下显著为正。这一结果表明审计师在审计工作中，会考虑上市公司内部控制是否有效的问题，这也正符合我国当前的《审计准则》，《审计准则》要求审计师在审计工作中了解被审计单位内部控制设计和运行的情况，以明确内控质量对财务报表重大错报风险的影响。由于高质量的内部控制一方面可以降低高管人员盈余管理程度，另一方面可以减少财务报表发生错报的可能性，因而内部控制质量可以调节高管变更与审计收费之间的关系，并且内部控制质量越高，越可以缓解高管变更对审计收费的影响。

表 4.11 高管变更、内控质量与审计收费检验结果

变量	低内控质量组 $\ln Fee$	高内控质量组 $\ln Fee$
Turnover	0.0274*** (3.77)	0.0127 (1.10)
Size	0.3386*** (97.20)	0.4026*** (81.19)
LEV	0.1061*** (5.45)	-0.0386 (-1.08)
ROA	-0.3379*** (-6.32)	-0.1405 (-1.40)
IRV	-0.0307 (-1.44)	0.0742** (2.22)
Loss	0.0553*** (4.92)	0.0638 (1.39)
Big4	0.5989*** (34.00)	0.6896*** (39.16)

续表

变量	低内控质量组 ln Fee	高内控质量组 ln Fee
DUAL	0.0276***	0.0556***
	(3.45)	(4.25)
Shr1	-0.0011***	-0.0017***
	(-5.03)	(-5.39)
lnBoard	0.0229*	0.0036
	(1.71)	(0.17)
lndedire	0.0194	0.0140
	(0.44)	(0.20)
常数项	5.7986***	4.5660***
	(73.39)	(39.07)
时间固定效应	控制	控制
行业固定效应	控制	控制
R^2	0.6306	0.7402
N	16041	8028

注：*、**、***分别表示在10%、5%、1%的水平下显著；括号中为t值。

三 市场势力的差异

企业的市场势力是指在不影响其产品市场需求的前提下能够对顾客索要更高价格的优势，是一家公司在行业内定价能力的重要体现（Datta et al.，2013）。在现实中，企业产品的独特性、品牌优势以及良好的品质声誉等都会强化其产品市场势力。经营业绩是评判公司高管管理能力的关键因素，尤其对于发生高管变更的公司而言，继任高管必然会想要维持甚至努力超越公司以往的盈利水平来证明自身的能力并树立领导权威（关健和段澄梦，2017）。如果公司产品市场势力较弱，意味着继任高管想在上任后快速达到较高的经营业绩是很困难的。由于高管继任当年公司业绩责任的归属不清晰，继任高管为了在其上任的第二年能有较高的盈利水平，上任当年进行负向盈余管理的动机更加强烈，从而导致公司的盈余管理程度提高。

另外，产品市场势力较弱的公司由于其在行业内竞争力较低，在发生高管变更的震动期间，其经营的不稳定性会进一步被放大（王芳和沈彦杰，2018）。因此，对于审计师而言，公司的产品市场势力弱不仅会放大对高管变更导致的经营不稳定性的评判，还会使审计师对公司可能产生的高水平盈余管理给予更多的关注与应对。由此可见，审计师对产品市场势力弱的公司发生的高管变更会产生更高的感知风险。反之，对于产品市场势力强的公司而言，凭借市场地位带来的较强盈利能力，继任高管会相对较容易地实现稳定或更好的财务业绩，从而对于盈余管理的参与倾向较弱。此外，行业内较强的竞争能力使得公司在高管变更期间能够更加有力量地面对组织变革，更稳定地度过高管变更导致的震荡期。因此，对于审计师而言，一方面较强的产品市场势力会缓解公司高管变更带来的经营风险的感知程度，另一方面较低的盈余管理倾向也会降低高管变更带来财务报表错报的感知风险。基于以上分析，相比于产品市场势力强的公司，产品市场势力弱的公司在发生高管变更时，审计收费会提升得更为显著。

如表 4.12 所示，将样本公司分为弱市场势力组和强市场势力组，分别考察高管变更对审计收费的影响。市场势力用（营业收入/行业内营业收入合计）×［（营业收入-营业成本-销售费用-管理费用）/营业收入］来度量（谢珺和陈航行，2016）。结果表明，在强市场势力组中，高管变更对审计收费的影响不显著；在弱市场势力组中，高管变更对审计收费的影响在1%的水平下显著为正。这表明高管变更会导致公司的重大错报风险与经营风险加大，审计师面对高风险审计目标，会感知到较高的审计业务风险。如果上市公司自身在产品市场竞争方面具有较强的优势，那么表明其经营稳定性更高，盈余管理程度会减小，审计师会综合考虑高管变更后由于战略调整等经营决策改变导致的经营风险，以及上市公司自身的竞争优势和业务稳定性。因此，较强的市场势力可以缓解高管变更导致审计收费的提高，这也说明我国的审计师在识别高管变更这一风险因素的情况下，会全面地了解被审计单位的经营环境，并对总体感知到的风险加以应对，进而体现在审计收费的调整上。

表 4.12 高管变更、市场势力与审计收费检验结果

变量	弱市场势力组 lnFee	强市场势力组 lnFee
Turnover	0.0442***	−0.0010
	(5.11)	(−0.12)
Size	0.3830***	0.3481***
	(96.20)	(90.26)
LEV	−0.0203	0.1311***
	(−0.85)	(5.27)
ROA	−0.1606**	−0.4577***
	(−2.35)	(−6.97)
IRV	0.0727***	−0.0845***
	(2.86)	(−3.26)
Loss	0.0904***	0.0367**
	(6.29)	(2.24)
Big4	0.6844***	0.6663***
	(39.18)	(39.72)
DUAL	0.0384***	0.0307***
	(3.97)	(3.14)
Shr1	−0.0013***	−0.0012***
	(−4.77)	(−4.75)
lnBoard	−0.0118	0.0411**
	(−0.74)	(2.54)
lnIndedire	0.0094	0.0562
	(0.18)	(1.05)
常数项	5.0173***	5.5871***
	(56.37)	(57.75)
时间固定效应	控制	控制

续表

变量	弱市场势力组 lnFee	强市场势力组 lnFee
行业固定效应	控制	控制
R^2	0.7009	0.6675
N	12069	12000

注：**、*** 分别表示在5%、1%的水平下显著；括号中为t值。

四 媒体关注度的差异

媒体时代的到来使得人们获取信息的途径越来越多（孟建和赵元珂，2007）。媒体的治理作用成为学者们关注的热点。已有研究认为媒体监督是新兴资本市场上重要的监督力量（Dyck et al.，2008），媒体关注度可以缓解上市公司的代理问题（叶勇等，2013）。李培功和沈艺峰（2010）发现媒体关注度越高的公司在违规事件曝光后，改正违规行为的可能性越大。张婷婷等（2018）认为由于媒体本身不具有专业的盈余管理识别能力，媒体关注度越高反而越有可能使得上市公司为了美化自身形象与向公众传递业绩良好信号，通过应计盈余管理等手段进行利润操纵。在高管变更的情况下，继任高管受到的关注越大，其证明自身能力与维护声誉的动机越强烈，因而较高的媒体关注度可能会进一步强化其盈余管理倾向，增加审计师的审计业务风险，从而使得审计收费提高。此外，媒体对上市公司的报道越多，意味着公众对上市公司经营结果的关注越多，较高的媒体关注度会增加审计师对审计失败暴露风险的顾虑（吕敏康和冉明东，2012）。同时，较高的媒体关注度不仅会增加审计失败暴露的可能性，而且一旦审计失败，社会大众对此的关注范围扩大，会给审计师带来巨大的负面影响。当媒体关注度较高的公司发生高管变更事件时，由于其继任高管的盈余管理倾向更强，并且审计师一旦审计失败自身遭受的损失也更多，因而审计师会收取更多的审计费用,以补偿其更多的审计工作并将之作为风险溢价。

基于以上分析,媒体关注度越高的上市公司,当发生高管变更时,审计师迫于媒体的压力,对审计业务的风险感知被进一步放大,会选择越严格的风险应对措施,这首先体现在审计收费上。基于此,本章参照叶陈刚等(2020)的研究,用财经报刊对公司报道数量作为媒体关注度的度量指标,数据来自中国重要报纸全文数据库,以发行量最广的八种财经媒体为数据来源,即《证券时报》、《中国证券报》、《金融时报》、《21世纪经济报道》、《证券日报》、《中国经济时报》、《上海证券报》和《第一财经日报》,选定区间为上年度审计报告日之后至当年度审计报告日。在此基础上,将样本公司分为低媒体关注度组和高媒体关注度组,分别考察高管变更对审计收费的影响。如表4.13所示,结果表明,在低媒体关注度组中,高管变更对审计收费的影响不显著;在高媒体关注度组中,高管变更对审计收费具有显著的正向影响。这一结果表明,审计师在高管发生变更的审计业务中,对于媒体这一外部监督机制,会考虑高媒体关注度对自身审计风险的放大效果,反映在对高媒体关注度的上市公司发生高管变更收取更高的审计费用上。

表4.13 高管变更、媒体关注度与审计收费检验结果

变量	低媒体关注度组 $\ln Fee$	高媒体关注度组 $\ln Fee$
$Turnover$	0.0080 (1.22)	0.0221*** (2.82)
$Size$	0.3190*** (44.93)	0.3823*** (110.18)
LEV	0.0245 (0.88)	−0.0013 (−0.06)

续表

变量	低媒体关注度组 lnFee	高媒体关注度组 lnFee
ROA	-0.3054***	-0.1977***
	(-5.67)	(-3.16)
IRV	-0.0424	0.0044
	(-1.27)	(0.19)
Loss	-0.0038	0.0920***
	(-0.34)	(6.50)
Big4	0.2643***	0.6832***
	(6.92)	(49.66)
DUAL	0.0024	0.0413***
	(1.48)	(4.60)
Shr1	-0.0000	-0.0018***
	(-0.08)	(-7.72)
lnBoard	0.0366**	0.0262*
	(2.35)	(1.82)
lndedire	-0.0388	-0.0143
	(-0.83)	(-0.30)
常数项	0.0080	4.9495***
	(1.22)	(61.04)
时间固定效应	控制	控制
行业固定效应	控制	控制
R^2	0.5986	0.6999
N	8090	15979

注：*、**、*** 分别表示在10%、5%、1%的水平下显著；括号中为 t 值。

五 路径检验

由前述理论分析可知，高管变更通过提高公司的盈余管理程度与促使战略发生改变增大财务报告的错报风险，进而提高审计师的审计业务风险，审计师对此会收取更多的费用。本章借鉴温忠麟等（2004）的中介效应检验法，构建中介效应模型进一步实证检验盈余管理与战略调整这两条高管变更影响审计收费的路径。

第四章 上市公司高管变更对审计收费的影响研究

前文中模型（4.1）的检验结果表明，高管变更对审计收费具有显著的正向影响，此即中介效应检验的第一步。在此基础上，构建模型（4.5）以检验高管变更对盈余管理程度（AbsDa）与战略调整程度（Stra）的影响，此为中介效应检验的第二步。构建模型（4.6）来检验高管变更、盈余管理程度与战略调整程度对审计收费的影响，此为中介效应检验的第三步。

模型（4.5）中 AbsDa 代表上市公司的应计盈余管理，Dechow 等（1995）和 Guay 等（1996）均认为修正的 Jones 模型可以比较准确地度量企业的应计盈余管理。因此，本章利用修正的 Jones 模型，借鉴林永坚等（2013）、方红星和金玉娜（2011）的测算方法，用可操控应计利润度量企业应计盈余管理。以下为测算的具体过程：

$$\frac{TA_t}{A_{t-1}} = \beta_0 + \beta_1 \times \frac{1}{A_{t-1}} + \beta_2 \times \frac{\Delta S_t - \Delta REC_t}{A_{t-1}} + \beta_3 \times \frac{PPE_t}{A_{t-1}} + \varepsilon_t \quad (4.2)$$

TA_t 代表上市公司 t 年的应计利润，$TA_t = NI_t - CFO_t$，NI_t 表示 t 年的净利润，CFO_t 表示 t 年的经营现金净流量；ΔS_t 表示 t 年与 $t-1$ 年公司主营业务收入的差额；ΔREC_t 表示 t 年与 $t-1$ 年公司应收账款净额之差；PPE_t 表示 t 年的固定资产净额；A_{t-1} 表示 $t-1$ 年年末总资产。

$$\frac{NDA_t}{A_{t-1}} = \hat{\beta_0} + \hat{\beta_1} \times \frac{1}{A_{t-1}} + \hat{\beta_2} \times \frac{\Delta S_t - \Delta REC_t}{A_{t-1}} + \hat{\beta_3} \times \frac{PPE_t}{A_{t-1}} + \varepsilon_t \quad (4.3)$$

$$DA_t = \frac{TA_t}{A_{t-1}} - \frac{NDA_t}{A_{t-1}} \quad (4.4)$$

NDA_t 为上市公司 t 年的不可操控应计利润的估计值。DA_t 为上市公司 t 年的可操控应计利润。对公式（4.2）分行业分年度进行 OLS 回归，得到回归系数的估计值 $\hat{\beta_0}$、$\hat{\beta_1}$、$\hat{\beta_2}$、$\hat{\beta_3}$，再根据公式（4.3）得出应计利润总额的正常值，即不可操控应计利润。然后利用公式（4.4）得出经过年初总资产标准化处理后的可操控应计利润 DA，即公式（4.2）中的残差。对 DA 取绝对值后设定为 AbsDa，本章将其作为盈余管理程度。

模型（4.5）中，Stra 代表上市公司的战略调整程度。本章参照 Geletkanycz 和 Hambrick（1997）、Datta 等（2003）的研究，用上市公司资源配置在年度区间上的波动对战略调整程度进行度量，该指标越大，表示战略调整程度越大，反之，则表示战略调整程度越小。具体来说，用六个战略资源的指标来综合测量战略调整程度，它们分别为广告和宣传投入（销售费用/营业收入）、研发投入（研发支出/营业收入）、固定资产更新程度（固定资产净值/固定资产原值）、管理费用投入（管理费用/营业收入）、存货水平（存货/营业收入）以及财务杠杆系数〔（短期借款+长期借款+应付债券）/权益账面价值〕。资源分配体现着企业的战略模式，六个维度指标代表了企业在营销、研发、生产能力扩张、费用结构、存货水平与资本结构方面的情况，整体来看，这六个指标可以反映企业的总体战略（连燕玲等，2014；Lyon 等，2000）。首先以 2007 年为基期 T，测算上述每一个指标在三年内（$T-1$，$T+1$）的方差 $[\sum(t_i - T)^2/(n-1)]$，然后将得到的年度方差基于行业进行标准化，最后将上述分别进行标准化的六个指标值加总，得到企业的战略调整程度，模型中用 Stra 代表。

$$AbsDa_{it}/Stra_{it} = \beta_0 + \beta_1 Turnover_{it} + \beta_2 Size_{it} + \beta_3 LEV_{it} + \beta_4 ROA_{it} + \beta_5 IRV_{it} +$$
$$\beta_6 Loss_{it} + \beta_7 Big4_{it} + \beta_8 DUAL_{it} + \beta_9 Shr1_{it} + \beta_{10} \ln Board_{it} +$$
$$\beta_{11} Indedire_{it} + Year + Ind + \varepsilon_{it} \quad (4.5)$$

$$\ln Fee_{it} = \beta_0 + \beta_1 Turnover_{it} + \beta_2 AbsDa_{it}/Stra_{it} + \beta_3 Size_{it} + \beta_4 LEV_{it} +$$
$$\beta_5 ROA_{it} + \beta_6 IRV_{it} + \beta_7 Loss_{it} + \beta_8 Big4_{it} + \beta_9 DUAL_{it} + \beta_{10} Shr1_{it} +$$
$$\beta_{11} \ln Board_{it} + \beta_{12} Indedire_{it} + Year + Ind + \varepsilon_{it} \quad (4.6)$$

表 4.14 列（2）的结果显示，高管变更显著提高了上市公司盈余

管理程度，表明上市公司发生高管变更后，继任高管会进行更多的盈余管理行为。列（3）的结果显示，高管变更与盈余管理程度均对审计收费具有显著的正向作用，这表明企业的盈余管理程度在高管变更影响审计收费的关系中起到了部分中介效应。表 4.15 列（2）的结果显示，高管变更显著地提高上市公司的战略调整程度，表明上市公司发生高管变更后，战略有了明显的改变。列（3）的结果显示，高管变更与战略调整程度均对审计收费具有显著的正向作用，这表明企业战略调整程度在高管变更对审计收费的影响中起到了部分中介效应。

表 4.14 路径检验：盈余管理程度

变量	（1）模型（4.1） lnFee	（2）模型（4.5） $AbsDa$	（3）模型（4.6） lnFee
$Turnover$	0.0234***	0.0057***	0.0226***
	(3.77)	(2.78)	(3.63)
$AbsDa$			0.1478***
			(7.63)
$Size$	0.3649***	-0.0066***	0.3659***
	(131.92)	(-7.21)	(132.29)
LEV	0.0524***	0.0527***	0.0446**
	(3.03)	(9.15)	(2.58)
ROA	-0.3011***	0.4942***	-0.3742***
	(-6.40)	(31.54)	(-7.80)
IRV	-0.0016	0.0627***	-0.0108
	(-0.09)	(10.42)	(-0.60)
$Loss$	0.0666***	0.0353***	0.0614***
	(6.16)	(9.81)	(5.67)
$Big4$	0.6785***	0.0073*	0.6774***
	(55.95)	(1.81)	(55.92)
$DUAL$	0.0355***	0.0101***	0.0340***
	(5.15)	(4.38)	(4.93)

续表

变量	（1）模型（4.1） ln Fee	（2）模型（4.5） AbsDa	（3）模型（4.6） ln Fee
Shr1	-0.0013***	0.0002***	-0.0013***
	(-7.04)	(2.80)	(-7.18)
ln Board	0.0137	0.0026	0.0133
	(1.21)	(0.70)	(1.17)
ln dedire	0.0403	-0.0055	0.0411
	(1.07)	(-0.44)	(1.09)
常数项	5.3079***	0.2225***	5.2750***
	(83.15)	(10.48)	(82.55)
时间固定效应	控制	控制	控制
行业固定效应	控制	控制	控制
R^2	0.6828	0.1026	0.6836
N	24069	24069	24069

注：*、**、***分别表示在10%、5%、1%的水平下显著；括号中为t值。

表4.15 路径检验：战略调整程度

变量	（1）模型（4.1） ln Fee	（2）模型（4.5） Stra	（3）模型（4.6） ln Fee
Turnover	0.0234***	0.0213***	0.0217***
	(3.77)	(4.36)	(3.60)
Stra			0.0190*
			(1.72)
Size	0.3649***	-0.0162***	0.3482***
	(131.92)	(-7.48)	(129.59)
LEV	0.0524***	0.2442***	0.0773***
	(3.03)	(18.00)	(4.58)
ROA	-0.3011***	-0.2998***	-0.2521***
	(-6.40)	(-8.12)	(-5.51)
IRV	-0.0016	-0.4550***	-0.0158
	(-0.09)	(-32.07)	(-0.88)

续表

变量	（1）模型（4.1）ln*Fee*	（2）模型（4.5）*Stra*	（3）模型（4.6）ln*Fee*
Loss	0.0666***	0.1472***	0.0674***
	(6.16)	(17.35)	(6.38)
*Big*4	0.6785***	0.0560***	0.6093***
	(55.95)	(5.89)	(51.75)
DUAL	0.0355***	0.0062	0.0331***
	(5.15)	(1.14)	(4.95)
*Shr*1	-0.0013***	0.0000	-0.0013***
	(-7.04)	(0.08)	(-7.09)
ln*Board*	0.0137	0.0063	-0.0133*
	(1.21)	(0.70)	(-1.67)
ln*dedire*	0.0403	0.0488*	0.0014
	(1.07)	(1.65)	(0.04)
常数项	5.3079***	0.8729***	5.6775***
	(83.15)	(17.44)	(91.10)
时间固定效应	控制	控制	控制
行业固定效应	控制	控制	控制
R^2	0.6828	0.1175	0.6750
N	24069	24069	24069

注：*、***分别表示在10%、1%的水平下显著；括号中为t值。

第五节 本章小结

本章以2007~2019年的中国沪深A股上市公司为研究样本，理论分析并实证检验了高管变更对审计收费的影响。研究发现：高管变更会显著地提高审计收费，这表明我国审计师能够识别上市公司高管发生变更带来的审计业务风险，从而提高审计收费。为保证结论的稳健性，本章分别进行了PSM匹配变量平衡性检验、固定效应检验、改变解释变量与被解释变量的衡量方式、改变样本量等多种稳健性检验，研究结论依然成立。进一步分析发现，当企业为非国有企业、内控质量越低、市场势力越弱和媒体关注度越高时，高管变更对审计收费的提高作用越明显。这表明，我国审计师在实际工作中，当面对发生高管变更的高风险审计业务时，不仅能够识别出高管变更带来的审计风险，并且会综合考虑企业的产权性质、内控质量、市场势力以及媒体关注度，全面衡量审计业务风险，从而引起审计收费的变化。此外，本章在理论分析高管变更影响审计收费机制的基础上，进一步运用中介效应模型验证上市公司高管变更会通过提高企业的盈余管理程度与战略调整程度影响审计师的审计收费。

第五章　上市公司高管变更对审计投入的影响研究

上市公司高管变更会引发审计师的风险感知，无论是加大审计工作投入以有效降低风险，还是收取更多的风险溢价，审计师都会提高审计收费。审计师作为资本市场中对上市公司财务信息质量进行独立鉴证的第三方，在公司高管发生变更时，是否在收取高额费用的同时进行了更多的审计工作以保证审计质量，对于资本市场的健康稳定发展是非常重要的。已有研究发现，审计师面对诸如上市公司存在未决诉讼、媒体负面报道增多等情况时，在提高审计收费的同时并没有增加审计投入，提高审计收费只是作为风险补偿手段，而不代表审计师积极地提高审计努力程度来降低审计风险（刘笑霞等，2017；李羽西，2018）。因此，本章重点考察上市公司高管变更对审计投入的影响，以验证审计师面对高管变更这一高风险环境是否增加了审计工作投入。同时，进一步探究公司产权性质、内控质量、市场势力以及媒体关注度对二者关系的影响。

第一节　理论分析与研究假设

基于委托代理理论可以预测，公司在高管变更期间，盈余管理程度会提高。盈余管理涉及利润操纵，会给企业的会计信息质量带来很大的负面影响，进而增大审计师的审计风险。同时，基于高阶理论可以预测，继任高管在上任的几年内会进行公司变革、改变战略规划，引发企业经营风险，进而增加审计师的业务风险（翟胜宝等，2017）。

高管变更会导致审计师的审计业务风险升高。对于审计师而言，在依据风险导向审计模式与职业准则识别风险时，是能够有效识别出高管变更带来的审计业务风险的。正如本书第四章的理论分析与研究结果所显示的，高管变更显著地提高了审计师对上市公司的审计收费，这表明审计师在发生高管变更的审计业务中，能够识别出高管变更带来的高风险。根据Simunic（1980）的审计定价模型，审计师的审计定价主要包括审计投入成本的经济补偿与风险溢价。风险溢价是审计师对升高的审计风险与业务风险收取的经济补偿。如果财务报告存在重大错报而审计师没有发现或者未在审计意见中反映出来，那么一旦审计失败，审计师将面临监管机构的处罚与诉讼赔偿责任，这也正是审计风险的所在。此外，有赖于目前法律监管的不断完善，我国审计具有保险功能（倪慧萍和时现，2014），无论审计师出具的审计意见是否恰当，一旦投资者因上市公司经营失败遭受损失，审计师就有可能与上市公司共同承担连带赔偿责任，这也正是审计师业务风险的来源。因此，上市公司经营风险的升高，一方面会增大错报风险，加大审计师的审计业务风险；另一方面也会使企业自身未来发生经营失败的可能性升高，提高审计师的业务风险。

外部审计师在感受到审计业务风险增加时，一方面为了降低审计风险对其可能产生的不利影响，可能会选择增加审计投入以有效识别重大错报，以降低潜在的审计业务风险；另一方面也会选择提高审计收费以补偿其所承担的审计业务风险（翟胜宝等，2017）。只有当审计师加大审计工作投入才可能识别出企业增多的重大错报，同时充足的审计工作也是出具恰当审计意见的重要前提和保障，如果提高的收费单纯为风险溢价,仅仅是审计师对于风险升高的一种经济利益补偿,就不能有效降低审计风险与保证审计质量。那么,审计师提高了发生高管变更公司的审计收费,在审计工作中究竟是确实进行了更多的审计努力以降低风险,还是仅通过收取更多的费用以补偿升高的风险呢?这是本章需要重点解决的问题。

前人相关研究发现,审计师在面对上市公司特定行为或风险事件时,针对不同的风险,在审计投入方面存在两种不同的应对态度。大部分学者的研究认为审计师对于识别出的特定风险给予了积极态度,在提高收费的同时增加了审计工作投入以降低审计风险,保证审计质量。例如,顾光等(2019)发现审计师会对企业的海外投资给予高度重视,通过加大审计工作投入以有效识别错报,降低自身的审计风险,这表明审计师在面对企业海外投资这一风险情境时,不仅会增加风险溢价,还会积极加大审计投入以降低审计风险,进而保证审计质量。审计师在对并购公司进行审计时,会考虑业绩补偿承诺带来的审计风险,在提高收费的同时增加审计工作时间,提高审计投入(王仲兵等,2021)。控股股东股权质押增大了审计师面临的诉讼风险和审计风险,审计师会通过增加审计投入、收取更多的审计费用来进行风险应对(翟胜宝等,2017)。审计师能够识别企业债务期限结构所带来的风险,企业短期借款占比越高,审计收费与审计师的工作投入越高(沈维成,2019)。审计师会考虑公司发生债务违约与运用衍生金融工具的风险,进而增加审计投入并提高审计收费(文雯等,2020;沈璐和陈祖英,2020)。审计师会重点关注企业的并购商誉减值行为,为了有效应对商誉减值给财务信息质量带来的影响,会增加审计工作时长、收取更多审计费用(朱杰,2021;李明辉等,2012)。同时,也有少数学者认为审计师收取高额费用仅是为了补偿风险,不会额外提高工作投入。例如,李羽西(2018)认为审计收费会由于未决诉讼的存在显著提高,且诉讼所涉金额越大，审计收费也越高；而未决诉讼并没有显著影响审计投入，这意味着尽管审计师感知到上市公司的未决诉讼带来了较高审计业务风险，但他们的反应大多是消极的，更多的是选择收取更高的风险溢价以降低自身损失，而不是积极地提高审计努力程度来降低审计风险。刘笑霞等（2017）发现审计师在评估客户风险时，会考虑媒体对客户的负面报道，进而通过收取风险溢价来应对这一风险，但对于存在负面报道的客户，审计师并不会显著提高努力程度。这说明，尽管审计师会关注媒体对客户的负面报道，但他们的反应是较为消极的，更多的是从降低自身损失、转移风险的角度来行事，而不是通过积极地扩大审计范围、提高审计质量来降低审计风险。李东平等（2001）研究发现企业如果存在盈余管理现象，即使审计风险上升，审计师为了维持与上市公司之间的业务关系仍然可能会出具标准无保留审计意见。

实际上，审计投入是审计师权衡利弊之后对工作投入程度的一种选择。在相关法律的要求下，上市公司应当对外披露经审计的年度财务报告，审计师应当根据《审计准则》的要求对财务报告的信息质量提供合理保证。首先，对于审计师与上市公司来说，审计师的审计收费是上市公司支付的审计费用。上市公司（高管）与审计师都具有追求自身利益最大化的动机，继任高管在其上任年份会通过盈余管理进行利润操纵，可能进行负向的盈余调整。为实现个人利益最大化，继任高管并不希望审计师有效识别其盈余管理导致的财务报告错报，因而可能不配合审计师的工作，加大审计师工作的难度，使得审计师难以获取充分适当的审计证据。同时，高管为实现自身目的可能对审计师支付更高的费用进行利诱。由于审计市场竞争激烈，出于维护业务的考虑与获得高额的风险补偿，审计师即使感知到了审计风险的提高，也可能不会进行更多的审计程序以有效识别错报，反而可能收取更高的费用补偿其升高的审计业务风险。

因此，审计师面对高管变更带来的错报风险升高的情况，会权衡自身的审计风险和既得利益。此时，审计师会有两种选择：遵循审计准则与职业道德规范，进行更多的审计工作以有效降低审计业务风险；或不进行更多的审计工作，但是会收取更多的风险溢价。其次，对于审计师与监管机构来说，审计师作为上市公司与资本市场之间财务信息的监督者，应该严格遵循审计准则的要求进行工作并遵守职业道德。然而，审计师为了获取经济利益而与上市公司高管合谋导致的财务造假案件时有发生。继任高管与审计师都存在合谋动机，在权衡利弊的基础上，审计师为了实现自身利益最大化，可能会出现机会主义倾向，导致审计师的独立性受到很大的影响（龚启辉和刘桂良，2006；赵国宇，2011）。当上市公司发生高管变更导致审计师感知到更高的审计业务风险时，若法律监管宽松，且上市公司支付更高的审计费用，考虑到我国审计市场行业竞争较为激烈，审计师很可能选择配合继任高管，从而对高管变更引发的风险不进行更多额外的审计工作。反之，若法律监管严格，即使上市公司支付了更高的费用，依然补偿不了高管变更这一事件带来的审计业务风险，一旦审计失败，其受到的处罚与赔偿及声誉损失会给审计师带来巨大的负面影响。因而，在有关监管严格的环境下，审计师在高管发生变更的审计业务中，会投入更多的审计努力来有效找到存在的错报以降低审计风险。

根据 Simunic（1980）的审计定价模型与上文总结，审计师如果认为高管变更导致的风险会给其带来重大的不利影响，且必须通过更多的审计努力才能有效降低审计业务风险，减少未来发生处罚、赔偿与声誉损失的可能性，审计师就会实施更多的审计程序，加大审计投入。审计师如果在收取了上市公司高额审计费用的同时，认为高管变更导致的风险在当前的法律环境下，发生审计失败导致被处罚与诉讼赔偿的可能性较低，那么就不会明显地加大审计工作投入。在高管变更的审计业务中，提高的审计收费很可能就是仅对升高风险收取的风险溢价。根据已有研究，由于审计师面对特定风险情境提高审计收费时，在审计投入方面存在两种不同应对态度，可以运用竞争性假设来验证审计师对两种应对措施的具体选择（刘笑霞等，2017）。因此，本章提出了如下竞争性假设。

H5-1a：上市公司高管变更会显著提高审计师的审计投入。

H5-1b：上市公司高管变更不会显著提高审计师的审计投入。

图5.1是本章的理论分析框架。上市公司高管变更会导致盈余管理程度和战略调整程度增大，同时企业在经营决策等方面会发生重大改变，经营风险升高，企业未来发生经营失败的可能性加大，审计师的审计风险和业务风险增加。审计师在发生高管变更的审计业务中，能够识别其带来的风险并提高审计收费。但是审计收费既包括审计投入的补偿，同时也涵盖风险溢价。那么，审计师出于其与上市公司关系、审计收费和法律监管的考虑，结合自身能接受的审计业务风险，会选择积极地加大审计投入以降低风险，保证审计质量，即假设H5-1a；或者消极地收取风险溢价但并不会进行额外的审计投入，即假设H5-1b。

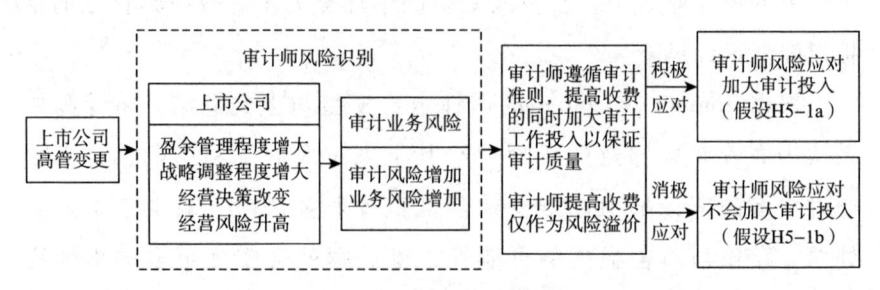

图 5.1 本章理论分析框架

第二节 研究设计

一 样本选取和数据来源

我国于 2006 年实施新《审计准则》,确立了以风险导向为基础的审计模式,审计师会更加关注那些可能会威胁企业生产经营的事项来降低自身的风险。本章样本选取和数据来源与第四章相同。为了消除极端值对实证结果的影响,本章对所有连续变量进行了 1% 水平的 Winsorize 处理。本章内部控制指数来源于迪博数据库,媒体关注度数据来源于中国重要报纸全文数据库,其他数据均来源于 CS-MAR 数据库。

二 变量选取和定义

1. 被解释变量

审计投入（Input）是指审计师在实施独立审计过程中投入的审计资源,一般而言,由于项目组的审计人员数量不会有明显调整,因而实施的审计程序越多,审计师花费的工作时间越长（Hackenbrack and Knechel, 1997；Bell et al., 2008）。我国多数学者用审计时滞（会计期末至次年审计报告日之间的间隔）对审计投入进行度量（Mao and Yu, 2015；翟胜宝等, 2017；刘笑霞等, 2017；粟立钟等, 2019；沈维成, 2019）。这是由于审计时滞是可观测的,可以用来衡量审计效率与审计努力（Knechel and Payne, 2001）。较长的审计时滞表明审计师在审计过程中可能识别出了需要实施更多审计程序的风险项目（粟立钟等, 2019）。如果为实现既定的审计保证水平需要测试更多的样本项目,那么耗费的审计工时也会相应增加（韩晓梅和郭威, 2011）。因此,根据已有研究对审计投入的度量,本章采用当年会计期末至次年审计报告日之间的间隔天数除以当期年末总资产，再乘以1000万元，即期末每千万元总资产需要的审计时间来测量审计投入（粟立钟等，2019）。

2. 解释变量

解释变量为高管是否变更（$Turnover$），为虚拟变量，当上市公司当年发生高管变更时取1，否则为0。本章将高管界定为董事长与总经理（游家兴等，2010）。

3. 控制变量

公司规模（$Size$）：公司的规模越大，审计师需要付出的努力越多。已有文献认为公司的资产规模越大，审计师需要投入越多的努力以应对风险，进而导致更长的审计工作时间（Bell et al.，2008；翟胜宝等，2017）。因此，本章选取公司规模作为研究审计投入影响因素的控制变量，根据顾光等（2019）的研究，用上市公司期末总资产的自然对数来对公司规模进行度量。

资产负债率（LEV）：上市公司资产负债率代表总资产中负债的比例，资产负债率较高的公司不仅偿债能力弱，融资也会受到限制，进而影响公司的经营发展。蔡吉甫（2007）认为资产负债率较高的企业容易遇到财务困境，审计师的审计业务风险会升高，需要进行更多的审计努力以保证审计质量、降低风险。因而本章将资产负债率作为控制变量加入实证模型。

总资产收益率（ROA）：总资产收益率可以反映企业的盈利能力，较低的总资产收益率表明企业的盈利能力弱，企业的经营风险与盈余管理程度均会提高，审计师需要通过增加审计努力以有效降低审计业务风险。基于此，本章将上市公司的净利润/总资产这一指标加入实证模型。

应收账款与存货比例（IRV）：审计师工作的重点之一就是通过函证等审计程序，审查上市公司的应收账款金额以及与此对应的营业收入是否真实存在。应收账款的金额越大，审计师需要进行的工作努力越多。存货是企业资产的重要组成部分，审计师对存货进行盘点可以检查存货这一资产是否真实存在，并且测试存货是否发生跌价，以评价资产减值损失与净利润等相关科目是否存在错报。因而存货的数量越多，审计师需要的工作投入就越多。因此，参照粟立钟等（2019）的研究，本章将应收账款与存货占总资产的比例作为控制变量。

是否亏损（Loss）：发生亏损的企业经营失败甚至破产的可能性较大，不仅财务报表的错报风险升高导致审计师的审计风险加大，而且未来一旦破产清算，审计师可能面临诉讼赔偿风险。因此，如果企业发生亏损，审计师会加大审计投入以有效降低风险（朱杰，2021）。本章设定虚拟变量来度量公司是否发生亏损，如果发生亏损则为1，未发生亏损则为0。

事务所规模（Big4）：规模大的事务所相较于规模小的事务所，由于更重视自身的品牌优势与审计失败带来的声誉损失，会对审计中可能存在的错报进行更为严格的审查，因而会增加审计工作投入（Deis and Giroux，1996）。朱杰（2021）同样认为国际四大会计师事务所会影响审计师的审计投入。因而将事务所规模纳入实证模型中。本章设定虚拟变量对其度量，国际四大会计师事务所取值为1，否则为0。

两职合一（DUAL）：是指公司的总经理与董事长为同一人的现象。在两职合一的领导权力结构中，董事会对其监管约束变弱，由于权力高度集中，容易存在高管人员的自利行为（Tuggle et al.，2010），给企业财务信息质量带来不利影响。总经理与董事长为同一人时，盈余管理行为更有可能发生，财务报告存在重大错报的可能性更高（O'Connor et al.，2006）。同时，两职合一的企业经营风险更高（Li and Tang，2010）。所以，针对两职合一的企业，在对其财

105

务报表进行审计时，审计师需要耗费更多的工作时间。

股权集中度（Shr1）：是衡量公司大股东对公司控制程度的指标，股权集中度越高，意味着公司股东越可以有效控制公司，缓解股东与管理层之间的代理问题。大股东为了更好地监督企业运行状况与信息透明度，会提高企业的内部控制质量（吴一丁和易紫薇，2021），努力减少管理层自利行为，有利于提高公司的财务信息质量。因而，审计师对于股权集中度高的企业，由于其具有较高的会计信息质量，可能会减少审计工作的投入。根据陈德萍和陈永圣（2011）的度量方法，本章采用公司第一大股东持股占总股本的比例来测量股权集中度。

董事会规模（lnBoard）：董事会规模是衡量董事会特征的重要变量，董事会规模会影响企业的盈余管理水平，进而影响企业的财务信息质量，但是已有研究的结论并不一致。部分学者认为董事会规模越大，越有利于发挥对盈余管理的监督治理作用（伊志宏等，2010），进而对企业财务信息质量的监督越有效（Anderson et al.，2004）。还有部分学者认为董事会规模过大会降低成员之间的信息交流效率，不利于发挥董事会的治理职能，使得盈余管理水平升高（周晖和左鑫，2013）。审计师会考虑董事会规模对会计信息质量的影响进而调整其审计工作。董事会规模用董事会人数的自然对数进行衡量。

独立董事规模（lndedire）：是指董事会中独立董事所占比例。现有文献在独立董事制度减少代理问题与约束管理层自利行为方面得出的研究结论并不统一。部分学者认为独立董事在董事会中的人数越多，越能缓解高管的盈余管理行为（邓小洋和李芹，2011）；也有学者认为独立董事相比管理层存在信息劣势，不能有效发挥其监督职能，甚至独立董事可能只是形式上的安排，并没有发挥其应有的治理作用（叶康涛等，2011）。审计师在审计工作中，会考虑上市公司独立董事制度的安排与其职能发挥的程度对企业财务信息质量的评价和审计工作投入的影响。本章用独立董事人数占董事会总人数的比例对独立董事规模进行度量。

此外，本章还控制了时间和行业固定效应。表 5.1 为变量定义。

表 5.1 变量定义

变量类型	变量名称	符号	度量方法
被解释变量	审计投入	Input	期末每千万元总资产需要的审计时间
解释变量	高管是否变更	Turnover	高管发生变更为 1，否则为 0
控制变量	公司规模	Size	公司期末总资产的自然对数
	资产负债率	LEV	总负债/总资产
	总资产收益率	ROA	净利润/总资产
	应收账款与存货比例	IRV	（应收账款+存货）/总资产
	是否亏损	Loss	发生亏损为 1，否则为 0
	事务所规模	Big4	国际四大会计师事务所取值为 1，否则为 0
	两职合一	DUAL	总经理与董事长两职合一为 1，非两职合一为 0
	股权集中度	Shr1	公司第一大股东持股占总股本的比例
	董事会规模	lnBoard	董事会人数的自然对数
	独立董事规模	Indedire	独立董事人数占董事会总人数的比例

三 模型构建

本章构建模型（5.1）来检验高管变更对审计投入的影响。模型中，$Input_{it}$ 代表 t 年审计师对 i 上市公司的审计投入；$Turnover_{it}$ 代表 t 年 i 上市公司是否发生高管变更；$Year$ 和 Ind 分别代表时间和行业固定效应。

$$Input_{it} = \beta_0 + \beta_1 Turnover_{it} + \beta_2 Size_{it} + \beta_3 LEV_{it} + \beta_4 ROA_{it} + \beta_5 IRV_{it} +$$
$$\beta_6 Loss_{it} + \beta_7 Big4_{it} + \beta_8 DUAL_{it} + \beta_9 Shr1_{it} + \beta_{10} \ln Board_{it} +$$
$$\beta_{11} Indedire_{it} + Year + Ind + \varepsilon_{it} \qquad (5.1)$$

第三节 实证结果分析

一 描述性统计分析

依据表5.2变量描述性统计的结果，可以看出，24069个样本观察值中，审计投入（Input）的最小值为0.004，最大值为2.430，差异较大，表明审计师对各个公司的审计投入存在明显差异。高管变更（Turnover）的均值为0.264，表明有26.4%的公司发生了高管变更，上市公司发生高管变更的情况较为常见。公司规模（Size）的标准差为1.272，表明样本公司在规模上具有一定差异。资产负债率（LEV）的最小值为0.060，最大值为0.901，表明公司之间的负债水平差异较大，偿债能力有明显的差异。是否亏损（Loss）的均值为0.105，且总资产收益率（ROA）的最小值为-0.225，最大值为0.216，可以看出大多数公司实现了盈利，但不同公司盈利能力存在一定差异。应收账款与存货比例（IRV）的最小值为0.008，最大值为0.768，表明公司的应收账款与存货余额差异较大。事务所规模（Big4）的均值为0.059，表明样本公司中只有5.9%这一小部分是由国际四大会计师事务所审计的。两职合一（DUAL）的均值为0.187，说明样本公司中有18.7%的公司总经理与董事长是同一人。股权集中度（Shr1），即第一大股东持股占总股本比例的标准差为0.14936，最大值与最小值相差甚大，均值为0.34623，表明上市公司的股权集中度存在一定差异，且股权集中度普遍较高。董事会规模（lnBoard）的最大值与最小值具有一定差距，说明上市公司之间的治理结构存在一定差异。独立董事规模（lndedire）的最大值为0.600，均值为0.378，表明我国上市公司独立董事人数占董事会总人数的比例差异不大。

表 5.2　变量的描述性统计

变量	样本量	均值	标准差	最小值	最大值
$Input$	24069	0.399	0.443	0.004	2.430
$Turnover$	24069	0.264	0.441	0	1
$Size$	24069	22.192	1.272	19.810	26.101
LEV	24069	0.451	0.204	0.060	0.901
ROA	24069	0.038	0.062	-0.225	0.216
IRV	24069	0.279	0.175	0.008	0.768
$Loss$	24069	0.105	0.306	0	1
$Big4$	24069	0.059	0.236	0	1
$DUAL$	24069	0.187	0.390	0	1
$Shr1$	24069	0.34623	0.14936	0.08770	0.74820
$lnBoard$	24069	2.291	0.247	1.609	2.890
$Indedire$	24069	0.378	0.070	0.250	0.600

二　相关性分析

表 5.3 列示了本章模型中变量的相关系数。从表中可以看出,高管变更($Turnover$)与审计投入($Input$)之间的相关系数为正,且在 5% 的水平下显著,表明在不考虑其他因素的情况下,发生高管变更的公司,审计师会进行更多的审计投入,这与假设 H5-1a 的预期一致。

三　实证结果及分析

表 5.4 列示了高管变更对审计投入影响的 OLS 回归结果。列(1)未加入控制变量,回归模型中仅控制了时间固定效应与行业固定效应,显示了高管变更对审计投入的直接影响,可以看出 $Turnover$ 的回归系数为 0.0359,在 1% 的水平下显著,表明高管变更对审计投

表 5.3 相关性分析

变量	Input	Turnover	Size	LEV	ROA	IRV	Loss	Big4	DUAL	Shr1	lnBoard	Indedire
Input	1											
Turnover	0.01**	1										
Size	−0.593***	0.052***	1									
LEV	−0.186***	0.090***	0.432***	1								
ROA	−0.120***	−0.099***	0.050***	−0.341***	1							
IRV	−0.01	−0.027**	−0.011*	0.254***	−0.019***	1						
Loss	0.132***	0.077***	−0.091***	0.183***	−0.597***	−0.044***	1					
Big4	−0.125***	0.022**	0.368***	0.101***	0.044***	−0.060***	−0.035***	1				
DUAL	0.055***	−0.088***	−0.087***	−0.091***	0.022***	0.046***	−0.008	−0.047***	1			
Shr1	−0.140***	0.025***	0.238***	0.076***	0.118***	−0.016***	−0.085***	0.147***	−0.040***	1		
lnBoard	−0.117***	0.239***	0.219***	0.135***	−0.048***	−0.073***	0.039***	0.079***	−0.106***	0.004	1	
Indedire	0.028***	−0.119***	−0.019***	−0.063***	0.028***	0.042***	−0.033***	0.001	0.090***	0.018***	−0.155***	1

注：*、**、*** 分别表示在 10%、5%、1% 的水平下显著。

入具有显著的正向影响。为了进一步确认该结果的稳健性，列（2）与列（3）继续加入了控制变量，结果显示 *Turnover* 的回归系数均显著，假设 H5-1a 成立。这表明上市公司高管变更会显著地提高审计投入，也就是说，审计师对于发生高管变更的公司会给予更多的关注，并通过增加更多的审计工作来应对较高的审计风险。同时也表明，我国审计师在对高管发生变更的公司提高了审计收费的同时确实增加了审计投入，扩大了审计范围，而不是消极地提高收费仅作为风险补偿而没有明显的工作改变。控制变量资产负债率（*LEV*）越高的公司审计投入越多，表明当企业的资产负债率较高时，偿债能力弱、经营风险大，会加大审计师的风险感知，提高审计工作投入以降低审计风险。总资产收益率（*ROA*）对审计投入具有显著的负向作用，表明总资产收益率高的公司经营比较稳定，审计师感知到的风险较低，会降低审计投入。当年发生亏损（*Loss*）的公司其审计投入更多，这是由于发生亏损意味着上市公司经营出现了严重问题，经营风险很大，由此导致的财务报表错报风险加大，审计师需要进行更多的审计工作才能有效降低审计风险。事务所规模（*Big*4）对审计投入具有显著的正向影响，国际四大会计师事务所具有更高的业务能力，并且更注重自身的品牌声誉，对于高风险的审计目标会加大审计投入以确保降低审计风险、维护自身声誉。两职合一（*DUAL*）对审计投入有显著的正向影响，这表明董事长和总经理如果是同一人，可能会增加管理层的自利行为，导致财务报表错报风险加大，审计师需要提高审计投入以应对风险。独立董事规模（ln*dedire*）对审计投入具有显著的正向作用，表明独立董事所占比例越高，越能够有效发挥监督职能，可能会要求审计师进行更严格的审计工作进而保障公司的会计信息质量。

表 5.4 高管变更对审计投入的影响结果

变量	(1) Input	(2) Input	(3) Input
$Turnover$	0.0359***	0.0129*	0.0170**
	(3.70)	(1.71)	(2.17)
$Size$		−0.3493***	−0.3493***
		(−103.08)	(−100.32)
LEV		0.2673***	0.2716***
		(12.29)	(12.47)
ROA		−0.3006***	−0.3023***
		(−5.08)	(−5.10)
IRV		−0.1907***	−0.1945***
		(−8.38)	(−8.54)
$Loss$		0.0622***	0.0631***
		(4.57)	(4.63)
$Big4$		0.3193***	0.3184***
		(20.93)	(20.86)
$DUAL$			0.0228***
			(2.63)
$Shr1$			0.0001
			(0.35)
$lnBoard$			0.0073
			(0.51)
$lnIndedire$			0.1937***
			(4.09)
常数项	0.6542***	7.9599***	7.8678***
	(16.14)	(105.83)	(97.91)
时间固定效应	控制	控制	控制
行业固定效应	控制	控制	控制
R^2	0.0340	0.3855	0.3860
N	24069	24069	24069

注：*、**、*** 分别表示在 10%、5%、1% 的水平下显著；括号中为 t 值。

四 稳健性检验

1. 内生性检验

为了控制样本选择偏差导致的内生性问题,本章采用倾向得分匹配法(PSM)进行控制。本章选取公司规模($Size$)、资产负债率(LEV)、总资产收益率(ROA)和两职合一($DUAL$)为配对标准,按照1∶1无放回的最近邻匹配方法进行匹配,最终得到9973个样本。为保证匹配样本的可靠性,本章进行了平衡性检验,结果如表5.5所示。结果表明,匹配前处理组和控制组匹配变量均存在差异,且在1%的水平下显著,匹配后处理组和控制组匹配变量的差异均不显著,偏差出现了大幅度减少,表明样本匹配效果明显,显著控制了样本选择偏差问题。本章利用匹配后的样本,重新验证模型(5.1),回归结果如表5.6所示,高管变更对审计投入的影响结果并未有实质性改变。

表 5.5 PSM 匹配变量平衡性检验

变量	是否匹配	处理组	控制组	t 值	偏差(%)	匹配后偏差减少(%)
$Size$	匹配前	22.309	22.154	8.11***	11.7	84.4
	匹配后	22.310	22.334	−1.00	−1.8	
LEV	匹配前	0.48378	0.44105	14.04***	20.3	94.3
	匹配后	0.48318	0.48075	0.64	1.2	
ROA	匹配前	0.02491	0.04174	−15.42***	−20.9	91.6
	匹配后	0.02551	0.02692	−0.94	−1.8	
$DUAL$	匹配前	0.13008	0.20786	−13.68***	−20.9	91.9
	匹配后	0.12996	0.12366	1.07	1.7	

注:*** 表示在1%的水平下显著。

表 5.6　PSM 检验

变量	Input
Turnover	0.0189* (1.68)
Size	−0.3298*** (−60.54)
LEV	0.2910*** (8.63)
ROA	−0.5342*** (−5.49)
IRV	−0.1283*** (−4.02)
Loss	0.0463** (2.17)
Big4	0.3207*** (13.52)
DUAL	0.0253 (1.60)
Shr1	0.0006 (1.56)
lnBoard	−0.0071 (−0.31)
lndedire	0.2137*** (2.79)
常数项	7.4686*** (62.12)
时间固定效应	控制
行业固定效应	控制
R^2	0.3576
N	9973

注：*、**、***分别表示在10%、5%、1%的水平下显著；括号中为t值。

2. 其他稳健性检验

（1）更换被解释变量审计投入的度量指标。为了检验实证结果的稳健性，本章重新选用审计投入的度量依据，用年度结束日至次年财务报表报出日的时间间隔、年度结束日与审计报告日（不考虑公告期间的节假日）的时间间隔来对实证模型做进一步检验。结果如表5.7列（1）与列（2）所示，可以看出，高管变更对审计投入的正向影响依然显著。

表 5.7 更换审计投入度量指标的检验结果

变量	（1）Input	（2）Input
Turnover	0.0170**	0.0115**
	(2.17)	(2.23)
Size	-0.3494***	-0.2296***
	(-99.80)	(-99.86)
LEV	0.2710***	0.1820***
	(12.38)	(12.66)
ROA	-0.2999***	-0.2057***
	(-5.03)	(-5.26)
IRV	-0.1927***	-0.1302***
	(-8.42)	(-8.66)
Loss	0.0674***	0.0413***
	(4.93)	(4.60)
Big4	0.3187***	0.2096***
	(20.76)	(20.79)
DUAL	0.0227***	0.0154***
	(2.60)	(2.69)
Shr1	0.0001	0.0001
	(0.29)	(0.34)
lnBoard	0.0067	0.0041
	(0.47)	(0.44)
Indedire	0.1910***	0.1257***
	(4.01)	(4.02)
常数项	7.8750***	5.1793***
	(97.46)	(97.62)

续表

变量	(1) Input	(2) Input
时间固定效应	控制	控制
行业固定效应	控制	控制
R^2	0.3840	0.3839
N	24069	24069

注：**、*** 分别表示在 5%、1% 的水平下显著；括号中为 t 值。

（2）更换解释变量高管变更的度量指标。为了测试回归结果对解释变量的敏感性，本章借鉴林永坚等（2013）的研究，将高管变更重新定义为仅总经理变更、仅董事长变更，并分别检验两种变更情况下对审计投入的影响。由表 5.8 可知，仅总经理变更或者仅董事长变更对审计投入的正向影响依然显著为正。

表 5.8 更换高管变更度量指标的检验结果

变量	总经理变更 Input	董事长变更 Input
Turnover	0.0195** (2.27)	0.0324*** (3.25)
Size	-0.3333*** (-103.39)	-0.3498*** (-100.52)
LEV	0.2307*** (11.32)	0.2705*** (12.43)
ROA	-0.3867*** (-6.57)	-0.2998*** (-5.06)
IRV	-0.1059*** (-5.31)	-0.1936*** (-8.50)
Loss	0.0663*** (4.87)	0.0615*** (4.51)
Big4	0.3117*** (20.45)	0.3179*** (20.83)

续表

变量	总经理变更 Input	董事长变更 Input
DUAL	0.0236***	0.0228***
	(2.73)	(2.63)
Shr1	0.0002	0.0001
	(0.70)	(0.34)
lnBoard	0.0024*	0.0019
	(1.77)	(1.41)
lndedire	0.2354***	0.2063***
	(5.03)	(4.37)
常数项	7.6029***	7.8741***
	(110.84)	(101.74)
时间固定效应	控制	控制
行业固定效应	控制	控制
R^2	0.3790	0.3863
N	24069	24069

注：*、**、***分别表示在10%、5%、1%的水平下显著；括号中为t值。

（3）改变样本量。考虑检验结果可能会受到上市公司高管变更当年改变了雇佣会计师事务所的影响，因此，剔除了总体24069个观测样本中的3171个发生了会计师事务所变更的样本，最后对得到的20898个样本进行检验。同时，考虑到2008年的全球性金融危机，这一年的样本可能导致结果存在一定偏差，为了消除这种影响，本章在样本中删除了2008年的数据重新进行回归。表5.9列（1）与列（2）分别显示了排除会计师事务所发生变更与2008年样本数据的检验结果，高管变更对审计投入的影响均在5%的水平下显著为正，表明实证结果是稳健的。

表 5.9 改变样本量的检验结果

变量	(1) Input	(2) Input
$Turnover$	0.0517**	0.0184**
	(2.28)	(2.28)
$Size$	-0.3854***	-0.3480***
	(-37.12)	(-97.22)
LEV	0.3664***	0.2871***
	(5.87)	(12.82)
ROA	-0.1901	-0.2887***
	(-1.12)	(-4.74)
IRV	-0.2367***	-0.2014***
	(-3.65)	(-8.59)
$Loss$	0.0585	0.0589***
	(1.47)	(4.18)
$Big4$	0.2630***	0.3227***
	(6.17)	(20.46)
$DUAL$	0.0511*	0.0237***
	(1.90)	(2.67)
$Shr1$	0.0005	0.0000
	(0.72)	(0.20)
$lnBoard$	-0.0256	0.0075
	(-0.61)	(0.51)
$Indedire$	0.1002	0.1926***
	(0.68)	(3.97)
常数项	8.7133***	7.8295***
	(37.18)	(94.72)
时间固定效应	控制	控制
行业固定效应	控制	控制
R^2	0.3902	0.3787
N	20898	23118

注：*、**、*** 分别表示在 10%、5%、1% 的水平下显著；括号中为 t 值。

第四节　进一步分析

在考察了上市公司高管变更对审计投入影响的基础上，为了进一步理解审计师的风险应对行为，本章继续探讨了企业异质性（产权性质、内控质量、市场势力与媒体关注度）在高管变更与审计投入关系中发挥的调节作用。同时，本章在理论分析梳理出高管变更通过提高企业的盈余管理程度与战略调整程度促使审计师加大审计投入的基础上，运用中介效应模型对此进行实证检验。

一　产权性质的差异

前文的分析表明，在国有企业中，继任高管对利润操纵的动机较弱，且监管环境比非国有企业更为严格，因此会降低审计师对国有企业高管变更带来的审计风险的感知。相反，在非国有企业发生高管变更的审计业务中，由于非国有企业盈余管理程度与战略调整程度比国有企业大，审计师会对非国有企业进行更多的审计工作投入以降低自身风险。

如表5.10所示，将样本公司分为国有企业组和非国有企业组，分别考察高管变更对审计投入的影响。结果表明，在非国有企业组中，高管变更对审计投入的正向影响在5%的水平下显著；在国有企业组中，高管变更对审计投入的正向影响不显著。这也进一步表明，审计师会对发生高管变更的非国有企业加大其审计投入以应对风险。审计师在面对发生高管变更的审计环境时，能够识别出高管变更带来的审计业务风险的提高，并将其反映在审计工作的增加上。同时，审计师会考虑上市公司的产权性质，由于国有企业相比于非国有企业，经营更稳定、盈余管理行为更少，审计业务风险更低，因而审计师不会付出额外的工作投入。

表 5.10　高管变更、产权性质与审计投入检验结果

变量	国有企业组 Input	非国有企业组 Input
$Turnover$	0.0060	0.0269**
	(0.99)	(2.21)
$Size$	-0.2084***	-0.4601***
	(-74.64)	(-90.20)
LEV	-0.0537***	0.4737***
	(-2.91)	(15.78)
ROA	-0.5756***	-0.1662**
	(-9.21)	(-2.18)
IRV	-0.0326*	-0.1834***
	(-1.75)	(-5.93)
$Loss$	0.0629***	0.0685***
	(5.62)	(3.41)
$Big4$	0.1754***	0.2617***
	(16.65)	(9.30)
$DUAL$	-0.0115	0.0047
	(-1.04)	(0.44)
$Shr1$	0.0003	-0.0008**
	(1.32)	(-2.17)
$\ln Board$	-0.0217*	-0.0263
	(-1.78)	(-1.28)
$\ln dedire$	0.2235***	0.0068
	(5.41)	(0.10)
常数项	5.0948***	10.4980***
	(81.43)	(89.96)
时间固定效应	控制	控制
行业固定效应	控制	控制
R^2	0.5986	0.6999
N	10592	13477

注：*、**、*** 分别表示在 10%、5%、1% 的水平下显著；括号中为 t 值。

二 内控质量的差异

在以风险导向为基础的审计模式下，企业内部控制的有效性对审计师行为具有显著影响（徐玉霞和王冲，2012）。审计师在上市公司高管发生变更的审计业务中，主要是基于两个方面提升风险感知，进而改变其审计工作投入的程度。首先是高管变更后，继任高管有进行向下的利润操纵的动机，但是在内部控制质量良好的企业中，内控的监督治理职能会有效减少继任高管通过应计项目的调整进行盈余操控的机会。因而，对内控质量较高的企业，当高管发生变更时，审计师感知到的审计风险降低，出于成本收益的考虑，可能不会额外提高审计工作投入。其次是高管变更会加大战略调整程度，战略调整会涉及企业多方面的经营决策，如并购、研发投入、资产剥离、投资与融资等方面会产生一定的改变。随着业务改变程度的加大，财务报表的错报风险也会升高。如果这一过程中，公司的内部控制能够有效地发挥其对财务信息核算流程的监督作用，就可以抑制公司因高管变更引发的重大错报风险。对于审计师而言，有效的内部控制是制定审计程序与范围的重要参考因素，因此，对高管发生变更的公司，虽然审计师识别出其战略乃至经营决策发生了变化，但是对其审计业务风险提高的感知程度会降低。总体而言，相比于内控质量高的企业，审计师会对内控质量低的企业发生的高管变更进行更多的审计努力以有效识别错报，降低自身的审计风险。

如表 5.11 所示，将样本公司分为低内控质量组和高内控质量组，分别考察高管变更对审计投入的影响。结果表明，在高内控质量组中，高管变更对审计投入的影响不显著；在低内控质量组中，高管变更对审计投入的影响显著为正。这一结果表明，审计师在审计工作中会考虑上市公司内部控制是否有效的问题，这也正符合我国当前要求审计师在审计工作中了解被审计单位内部控制设计和运行情况的审计准则。由于高质量的内部控制一方面可以降低高管人员盈余管理程度,另一方面也可以减少财务报表发生错报的可能性,因而高水平的内部控制质量可以降低审计师对审计工作投入的增加程度。

表 5.11　高管变更、内控质量与审计投入检验结果

变量	低内控质量组 Input	高内控质量组 Input
Turnover	0.0205* (1.91)	0.0067 (0.87)
Size	-0.4247*** (-91.83)	-0.2043*** (-61.75)
LEV	0.3858*** (14.40)	-0.0782*** (-3.27)
ROA	-0.2072*** (-2.65)	-0.5400*** (-8.07)
IRV	-0.1618*** (-5.86)	-0.0463** (-2.08)
Loss	0.0588*** (3.57)	0.0467 (1.53)
Big4	0.2948*** (11.41)	0.1644*** (14.00)
DUAL	0.0244** (2.09)	0.0347*** (3.98)
Shr1	-0.0002 (-0.55)	0.0001 (0.56)
lnBoard	0.0289 (1.48)	-0.0156 (-1.11)
lndedire	0.1868*** (2.88)	0.1696*** (3.70)
常数项	9.5364*** (92.39)	4.8723*** (62.49)

续表

变量	低内控质量组 Input	高内控质量组 Input
时间固定效应	控制	控制
行业固定效应	控制	控制
R^2	0.5137	0.3931
N	16041	8028

注：*、**、***分别表示在10%、5%、1%的水平下显著；括号中为t值。

三 市场势力的差异

依据前文的分析可知，公司产品市场势力较弱，代表在市场中的竞争能力不足，这不仅会增强继任高管进行盈余管理的动机，也会进一步增加企业在高管变更期间的经营风险，进而加大审计师的审计业务风险，审计师需加大审计工作投入以有效应对风险。因此，相比于产品市场势力强的公司，产品市场势力弱的公司在发生高管变更时，审计投入应当提升得更为显著。

如表5.12所示，将样本公司分为弱市场势力组和强市场势力组，分别考察高管变更对审计投入的影响。结果表明，在强市场势力组中，高管变更对审计投入的影响不显著；在弱市场势力组中，高管变更对审计投入的影响在5%的水平下显著为正。高管变更会导致公司出现重大错报风险与经营风险，审计师面对高风险的审计客户，会感知到较高的审计业务风险，如果上市公司自身在产品市场竞争方面具有较强的优势，则表明其经营稳定性更高，审计师会综合考虑高管变更后由于战略调整等经营决策改变导致的经营风险，以及上市公司自身的竞争优势和业务稳定性。同时，由于强市场势力企业的继任高管盈余管理倾向被弱化，因此较强的市场势力减弱了审计师对高管变更的风险感知，这也说明我国的审计师在识别高管变更这一风险因素的情况下，会全面地了解被审计单位的经营环境，并对总体感知到的风险加以应对，对审计工作的投入程度加以调整。

表 5.12　高管变更、市场势力与审计投入检验结果

变量	弱市场势力组 Input	强市场势力组 Input
Turnover	0.0249**	0.0122
	(2.21)	(1.13)
Size	-0.3451***	-0.3392***
	(-71.76)	(-72.27)
LEV	0.2486***	0.2380***
	(8.45)	(7.85)
ROA	-0.4141***	-0.2945***
	(-4.70)	(-3.68)
IRV	-0.1077***	-0.2294***
	(-3.41)	(-7.26)
Loss	0.0644***	0.0606***
	(3.44)	(3.04)
Big4	0.3771***	0.2499***
	(16.59)	(12.24)
DUAL	0.0242*	0.0287**
	(1.93)	(2.41)
Shr1	0.0002	-0.0002
	(0.45)	(-0.74)
lnBoard	0.0266	-0.0147
	(1.29)	(-0.75)
lnIndedire	0.2923***	0.1293**
	(4.30)	(1.99)
常数项	7.7759***	7.7367***
	(72.90)	(65.71)
时间固定效应	控制	控制
行业固定效应	控制	控制
R^2	0.3662	0.4066
N	12069	12000

注：*、**、***分别表示在10%、5%、1%的水平下显著；括号中为 t 值。

四 媒体关注度的差异

科技的发展让人们可以通过多种媒体渠道获取信息,这样的信息逐渐成为决策的依据(孟建和赵元珂,2007)。新闻媒体成为立法、司法、行政之外的"第四方权力"与新兴资本市场上重要的监督力量(Dyck等,2008;吕敏康和冉明东,2012)。媒体关注度不同的公司,审计师感知风险的程度会受到影响,审计投入也可能随之改变。基于此,本书用财经报刊对公司报道的条数作为媒体关注度的度量指标,将样本公司分为低媒体关注度组和高媒体关注度组,进一步检验审计师对于媒体关注度不同的上市公司,当发生高管变更时,审计工作投入程度的差异。

如表5.13所示,结果表明,在低媒体关注度组中,高管变更对审计投入的影响不显著;在高媒体关注度组中,高管变更对审计投入具有显著的正向影响。这一结果表明,审计师在高管发生变更的审计业务中,会考虑媒体这一外部监督机制对自身审计风险的放大效果,反映在高媒体关注度的上市公司发生高管变更后会进行更多的审计投入上。

表5.13 高管变更、媒体关注度与审计投入检验结果

变量	低媒体关注度组 *Input*	高媒体关注度组 *Input*
Turnover	0.0079 (0.53)	0.0233*** (2.74)
Size	−0.5867*** (−73.71)	−0.2805*** (−74.72)
LEV	0.5031*** (12.59)	0.1894*** (7.80)
ROA	−0.1829* (−1.74)	−0.2571*** (−3.80)

续表

变量	低媒体关注度组 Input	高媒体关注度组 Input
IRV	-0.2508***	-0.2018***
	(-5.77)	(-8.09)
Loss	0.0559**	0.0608***
	(2.29)	(3.98)
Big4	0.1804***	0.2448***
	(4.13)	(16.45)
DUAL	0.0034	0.0331***
	(0.22)	(3.40)
Shr1	-0.0003	-0.0002
	(-0.60)	(-0.78)
lnBoard	0.0275	0.0030
	(1.01)	(0.19)
lnIndedire	0.1202	0.1098**
	(1.35)	(2.11)
常数项	12.8799***	6.3719***
	(71.74)	(72.63)
时间固定效应	控制	控制
行业固定效应	控制	控制
R^2	0.4741	0.3525
N	8090	15979

注：*、**、*** 分别表示在10%、5%、1%的水平下显著；括号中为t值。

五 路径检验

高管变更会显著增加审计师的审计投入。本章借鉴温忠麟等（2004）的中介效应检验法，构建中介效应模型来检验盈余管理与战略调整这两条影响路径。

前文模型（5.1）的检验结果表明，高管变更对审计投入具有显著的正向影响，此即中介效应检验的第一步。第四章模型（4.5）的检验结果表明，高管变更会显著地提高公司的盈余管理程度与战略调整程度，此为中介效应检验的第二步。本章进一步构建模型（5.2）来检验高管变更、盈余管理程度与战略调整程度对审计投入的影响，此为中介效应检验的第三步。

$$Input_{it} = \beta_0 + \beta_1 Turnover_{it} + \beta_2 AbsDa_{it}/Stra_{it} + \beta_3 Size_{it} + \beta_4 LEV_{it} + \beta_5 ROA_{it} +$$
$$\beta_6 IRV_{it} + \beta_7 Loss_{it} + \beta_8 Big4_{it} + \beta_9 DUAL_{it} + \beta_{10} Shr1_{it} + \beta_{11} \ln Board_{it} +$$
$$\beta_{12} Indedire_{it} + Year + Ind + \varepsilon_{it} \tag{5.2}$$

表 5.14 列（2）的结果显示，高管变更显著地提高了上市公司盈余管理程度，表明上市公司发生高管变更后，继任高管会进行更多的盈余操纵行为。列（3）的结果显示，高管变更与盈余管理程度均对审计投入具有显著的正向作用，这表明企业的盈余管理程度在高管变更影响审计投入的关系中起到了部分中介效应。表 5.15 列（2）的结果显示，高管变更显著地提高了上市公司的战略调整程度，表明上市公司发生高管变更后，战略有了明显的改变。列（3）的结果显示，高管变更与战略调整程度均对审计投入具有显著的正向作用，这表明企业战略调整程度在高管变更对审计投入的影响中起到了部分中介效应。

表 5.14　路径检验：盈余管理程度

变量	（1）模型（5.1） Input	（2）模型（4.5） AbsDa	（3）模型（5.2） Input
Turnover	0.0170*** (2.17)	0.0057*** (2.78)	0.0150* (1.92)
AbsDa			0.2217*** (12.17)
Size	-0.3493*** (-100.32)	-0.0066*** (-7.21)	-0.3489*** (-100.51)
LEV	0.2716*** (12.47)	0.0527*** (9.15)	0.2581*** (11.87)
ROA	-0.3023*** (-5.10)	0.4942*** (31.54)	-0.1702*** (-2.83)

续表

变量	(1) 模型 (5.1) *Input*	(2) 模型 (4.5) *AbsDa*	(3) 模型 (5.2) *Input*
IRV	-0.1945***	0.0627***	-0.2618***
	(-8.54)	(10.42)	(-11.21)
Loss	0.0631***	0.0353***	0.0718***
	(4.63)	(9.81)	(5.28)
*Big*4	0.3184***	0.0073*	0.3260***
	(20.86)	(1.81)	(21.40)
DUAL	0.0228***	0.0101***	0.0265***
	(2.63)	(4.38)	(3.06)
*Shr*1	0.0001	0.0002***	-0.0000
	(0.35)	(2.80)	(-0.01)
ln*Board*	0.0073	0.0026	0.0108
	(0.51)	(0.70)	(0.76)
ln*dedire*	0.1937***	-0.0055	0.2038***
	(4.09)	(-0.44)	(4.31)
常数项	7.8678***	0.2225***	7.8758***
	(97.91)	(10.48)	(98.30)
时间固定效应	控制	控制	控制
行业固定效应	控制	控制	控制
R^2	0.3860	0.1026	0.3898
N	24069	24069	24069

注：*、**、*** 分别表示在10%、5%、1%水平下显著；括号中为t值。

表5.15 路径检验：战略调整程度

变量	(1) 模型 (5.1) *Input*	(2) 模型 (4.5) *Stra*	(3) 模型 (5.2) *Input*
Turnover	0.0170**	0.0213***	0.0135*
	(2.17)	(4.36)	(1.74)
Stra			0.1617***
			(15.70)
Size	-0.3493***	-0.0162***	-0.3467***
	(-100.32)	(-7.48)	(-99.95)

续表

变量	(1) 模型 (5.1) $Input$	(2) 模型 (4.5) $Stra$	(3) 模型 (5.2) $Input$
LEV	0.2716***	0.2442***	0.2321***
	(12.47)	(18.00)	(10.64)
ROA	-0.3023***	-0.2998***	-0.2538***
	(-5.10)	(-8.12)	(-4.30)
IRV	-0.1945***	-0.4550***	-0.1209***
	(-8.54)	(-32.07)	(-5.23)
$Loss$	0.0631***	0.1472***	0.0392***
	(4.63)	(17.35)	(2.88)
$Big4$	0.3184***	0.0560***	0.3093***
	(20.86)	(5.89)	(20.35)
$DUAL$	0.0228***	0.0062	0.0218**
	(2.63)	(1.14)	(2.53)
$Shr1$	0.0001	0.0000	0.0001
	(0.35)	(0.08)	(0.34)
$lnBoard$	0.0073	0.0063	0.0063
	(0.51)	(0.70)	(0.44)
$lndedire$	0.1937***	0.0488*	0.1858***
	(4.09)	(1.65)	(3.94)
常数项	7.8678***	0.8729***	7.7266***
	(97.91)	(17.44)	(96.04)
时间固定效应	控制	控制	控制
行业固定效应	控制	控制	控制
R^2	0.3860	0.1175	0.3923
N	24069	24069	24069

注：*、**、*** 分别表示在10%、5%、1%的水平下显著；括号中为t值。

第五节 本章小结

本章以 2007~2019 年的中国沪深 A 股上市公司为研究样本，理论分析并实证检验了高管变更对审计师审计投入的影响。研究发现：

高管变更会显著地提高审计投入，表明我国审计师在识别上市公司高管发生变更带来的风险并提高审计收费的同时，确实进行了更多的审计工作投入。为保证结论的稳健性，本章分别进行了 PSM 匹配变量平衡性检验、改变解释变量与被解释变量的衡量方式、改变样本量等多种稳健性检验，研究结论依然成立。进一步深入探究发现，当企业为非国有企业、内控质量越低、市场势力越弱和媒体关注度越高时，高管变更对审计投入的提高作用越明显。这表明，我国审计师在实际工作中，当面对发生高管变更的高风险审计业务时，不仅能够识别出高管变更带来的审计风险，并且会综合考虑企业的产权性质、内控质量、市场势力以及媒体关注度，全面衡量审计业务风险，从而调整审计工作投入。此外，本章在理论分析了高管变更影响审计投入机制的基础上，进一步运用中介效应模型验证了上市公司高管变更会通过增大企业的盈余管理程度与战略调整程度影响审计师的审计投入。

第六章　上市公司高管变更对审计意见的影响研究

上市公司高管变更会给公司在战略规划、经营决策、财务政策等多方面带来重大影响，不仅会导致公司经营风险上升，还会引发盈余管理程度升高。审计师作为资本市场对财务信息质量进行独立鉴证的第三方，在识别高管变更带来的风险时，能够有效应对并出具恰当的审计意见是非常重要的。因此，本章继续深入探讨高管变更对审计意见的影响，即审计师在识别高管变更带来较高审计业务风险，进行更多的审计努力后，能否将上市公司财务报告的情况恰当地反映在出具的审计意见中，以保证审计质量，为资本市场的财务信息可靠性提供有力保障。同时，探究公司的产权性质、内控质量、市场势力以及媒体关注度对高管变更与审计意见关系的影响，以进一步明确在不同情境下，审计师对高管变更采取风险应对措施的差异性。

第一节　理论分析与研究假设

基于委托代理理论与信息不对称理论，在企业所有者和管理者利益不一致的情况下，管理者可能会通过自利行为实现自身利益最大化。在现实中，由于股东对管理者经营能力的评判通常基于企业绩效，管理者的薪酬与经营绩效高度相关（杜兴强和王丽华，2007），因此管理者可能会通过盈余管理来调节利润。尤其作为上市公司权力核心的高管，在发生变更后，继任高管的盈余管理动机更强。这是由于在继任高管上任年份，企业的盈利贡献归属并不明晰，加之股东和董事会出于对继任高管在职时间较短的考虑，对其当年的业绩不会有太高的要求。继任高管在上任年份可以通过盈余管理进行利润调减，并将企业经营不良的责任推给前任高管，还可以利用应计盈余管理的"反转性"在上任的后一年进行向上的盈余管理来调增利润，以证实其经营才能强于前任高管（Godfrey et al.，2003；周晖和左鑫，2013）。盈余管理行为尤其是应计项目的调整与伪造虚假信息最终都会损害会计信息质量，增加财务报告重大错报风险。对于审计师而言，企业盈余管理程度的升高会增加自身的审计风险。此外，基于高阶理论，上市公司高管变更后，在战略规划上会发生一定的调整（李维安和徐建，2014；刘鑫和薛有志，2015），进而促使企业多方面经营决策的改变，引起企业绩效发生波动，增大企业的经营风险（赵淑芳，2016；Hornstein，2013）。企业经营风险升高不仅会增加财务报表重大错报风险进而增加审计师的审计风险（粟立钟等，2019），还会增加审计师的业务风险（翟胜宝等，2017）。

高管变更会导致审计师的审计业务风险升高。对于审计师而言，在以风险导向为基础的审计模式下，是能够有效识别出高管变更带来的审计业务风险的，正如本书前述章节的理论分析与研究结果，高管变更显著地提高了审计师对上市公司的审计收费，这表明审计师在发生高管变更的审计业务中，能够识别出高管变更带来的高风险，同时会加大审计工作投入以识别出重大错报。那么，审计师在提高审计收费与加大审计投入后，能否将上市公司财务报表信息的质量恰当地反映在审计意见中呢？审计业务最后的结果反映在审计师对上市公司财务报告出具的审计意见上，恰当的审计意见是审计质量与资本市场财务信息真实性的有力保障。然而，审计师基于经济利益的考虑与上市公司合谋的情况也时有发生，即使识别出了重大错报却依然出具标准无保留审计意见的现象是存在的（李青原和赵艳秉，2014）。基于此，本章进一步深入探讨审计师面对发生高管变更的高风险审计业务，是否将这种风险应对体现在出具的审计意见中，从而为投资者和其他利益相关者提供有力的财务信息质量保障。

已有实证研究发现审计师在面对企业的不同风险情境时，出具的审计意见类型存在两种现象。一部分学者研究发现审计意见购买是一种常见的信息操纵方式，公司通过某种特定的方式影响或者操控审计师的决策，获得对自己有利的审计意见（李青原和赵艳秉，2014）。雷光勇（2004）认为审计师如果主动配合客户进行利润操纵与财务造假的行为，会严重损害审计的独立性，进而导致出具不恰当的审计意见甚至虚假鉴证，这种行为是审计师收取了经济利益与客户合谋的结果。审计意见具有丰富的信息含量（Firth，1978），标准无保留审计意见是审计师对上市公司财务报告信息质量的肯定，能够向市场传递企业经营良好且信息质量较高的正面信号，会对投资者、债权人等市场参与者的决策行为产生重要影响，最终将影响公司的投资、融资活动与股价稳定性。吴联生和谭力（2005）认为在市场机制的作用下，审计意见购买最终都会体现在审计收费上。异常审计收费的增加与审计意见得到改善，即出具标准无保留审计意见呈正相关（唐跃军，2007；陈杰平等，2005）。陈宋生和曹圆圆（2018）发现进行股权激励前，上市公司管理层会通过盈余管理降低基期业绩和行权难度，审计师会收取客户为购买审计意见而支付的异常审计费用。李明睿（2019）的研究表明债务违约风险越高的公司越有可能进行审计意见购买，并且这种现象在产生超额审计费用的公司中更为明显。另一部分学者认为审计师在一些风险情境下遵循了审计准则与职业道德要求，在收取更高审计费用的同时对上市公司出具了非标准无保留审计意见。翟胜宝等（2017）发现当企业的控股股东股权发生质押时，审计师能够有效识别此风险情境，针对自身升高的审计风险与业务风险，能通过收取更多的审计费用、发表非标准无保留审计意见来进行应对。沈维成（2019）发现企业短期借款会增加企业的财务风险，短期借款占总负债的比例越高，审计师的审计收费就越高，也越可能出具非标准无保留审计意见。文雯等（2020）的研究表明上市公司如果存在债务违约行为，就会导致财务信息质量下降，因而审计师会收取更高的审计费用与出具非标准无保留审计意见以降低自身的风险。对于存在并购商誉减值行为的公司，审计师在收取更多审计费用的同时会出具更多非标准无保留审计意见（朱杰，2021）。

审计师出具的审计意见是权衡了上市公司支付的费用和可能被监管机构惩治损失之后的选择。这是由于在相关法律的要求下，上市公司应当对外披露经审计的年度财务报告，审计师则应当根据审计准则的要求对财务报告的信息质量提供合理保证。对于审计师与上市公司高管来说，上市公司聘请审计师对其披露的财务信息进行增信，审计师对上市公司收取相应的审计费用。上市公司高管与审计师都具有追求自身利益最大化的动机，继任高管为实现个人利益最大化，需要向股东、投资者与债权人等报表使用人呈现完美的财务报表及审计报告。审计意见在资本市场中是有信息含量的，非标准无保留审计意见不仅会影响股东对高管经营成果的评判，还会影响资本市场中投资者与债权人的决策。非标准无保留审计意见会损害公司价值，可能导致高管能力受到质疑与遭受声誉损失。因而上市高管需要审计师出具"清洁"的审计意见，即标准无保留审计意见。为了达成这一目的，上市公司高

第六章 上市公司高管变更对审计意见的影响研究

管可能会对审计师进行业务关系解除的威胁与施压,甚至会通过支付高额的审计费用来使审计师妥协。面对这种情况,审计师有两种选择。其一,通过权衡审计业务风险和能够从上市公司得到的经济补偿,审计师可以选择配合或不配合高管的要求。其二,审计师作为上市公司与资本市场之间独立鉴证财务信息的第三方,需要严守职业道德,遵循监管机构制定的审计准则,把上市公司财务报告的信息质量恰当地反映在审计意见中。否则一旦审计失败,上市公司财务报告存在重大错报而未被审计师发现或报告,其就会受到监管机构的处罚与承担诉讼赔偿责任。然而,审计师为了获取经济利益与上市公司高管合谋导致的财务造假时有发生。如果法律监管比较宽松,审计失败给审计师造成的损失风险就比较小,审计师即使识别出了上市公司存在重大错报与经营风险,由于上市公司支付了更高的审计费用,并且考虑到我国审计市场行业竞争较为激烈,也很可能选择配合继任高管,在高管发生变更导致较高审计业务风险的情况下,依然出具标准无保留审计意见。反之,当监管严厉时,监管机构对审计师的不当行为会加以强力惩罚,一旦审计师出具了不恰当的审计意见,审计失败导致的处罚与赔偿责任将为审计师带来严重的负面影响。此种情况下,审计师在为发生高管变更的上市公司出具财务报告时,才更有可能坚持原则,发表恰当的、更为审慎的审计意见。

  针对上市公司发生高管变更这一风险情境,前文已清晰地分析了其为审计师带来的审计业务风险,并且审计师能够识别并提高审计收费与加大审计投入加以应对。在此基础上,如果审计师认为高管变更带来的风险很高,一旦审计失败导致诉讼风险与声誉损失的影响很严重,就会出具更为严格的审计意见,即非标准无保留审计意见。如果审计师认为收取的溢价补偿足以弥补其未来发生诉讼风险的损失,就不会对发生高管变更的上市公司出具非标准无保留审计意见。

基于以上分析，本章提出如下假设。

H6-1a：上市公司高管变更会显著促使审计师出具非标准无保留审计意见。

H6-1b：上市公司高管变更不会显著促使审计师出具非标准无保留审计意见。

图6.1是本章的理论分析框架。上市公司高管变更会导致盈余管理程度和战略调整程度增大，同时企业在经营决策等方面会发生重大改变，经营风险升高，企业未来发生经营失败的可能性加大，审计师的审计风险和业务风险增加。审计师在发生高管变更的审计业务中，能够识别其带来的风险并提高审计收费。如果审计师认为高管变更带来的风险很高，一旦审计失败导致的处罚、诉讼赔偿的后果很严重，就会出具更为严格的审计意见——非标准无保留审计意见，即假设H6-1a。如果审计师认为法律监管不是很严格，并且收取了足够高的风险溢价，就不会对发生高管变更的上市公司出具非标准无保留审计意见，即假设H6-1b。

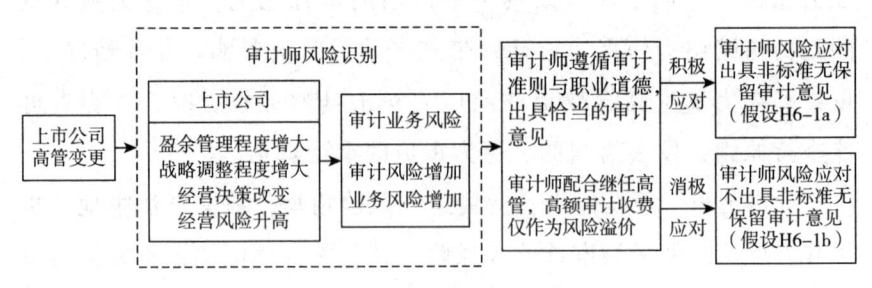

图 6.1 本章理论分析框架

第二节 研究设计

一 样本选取和数据来源

我国于 2006 年实施新《审计准则》,确立了以风险导向为基础的审计模式,审计师会更加关注那些可能会威胁企业生产经营的事项来降低自身的风险。本章样本选取和数据来源与第四章相同。为了消除极端值对实证结果的影响,本章对所有连续变量进行了 1% 水平的 Winsorize 处理。本章内部控制指数来源于迪博数据库,媒体关注度数据来源于中国重要报纸全文数据库,其他数据均来源于 CSMAR 数据库。

二 变量选取和定义

1. 被解释变量

本章的被解释变量为审计师是否对上市公司财务报表出具非标准无保留审计意见(Opinion)。审计意见是审计师对被审计单位财务报表是否按照适用的会计准则和相关的会计制度进行编制,是否在所有重大方面都公允反映了被审计单位财务状况、经营成果和现金流量的评价。审计意见类型包括标准无保留审计意见、带强调事项段或其他说明事项段的无保留意见、保留意见、无法表示意见、否定意见,后四种统称为非标准无保留审计意见。在实际中,上市公司被出具非标准无保留审计意见的情况总体而言是比较少的,在本书的样本公司中,被出具非标准无保留审计意见的占比为 3.1%,其中,带强调事项段的无保留意见居多,否定意见最少。一般情况下,学者们对此进行研究时,将审计意见按是否为非标准无保留审计意见分为两类(段培阳,2002;蔡春等,

2005)。因此，参照前人的研究，本章将被解释变量设为虚拟变量，当审计师对上市公司财务报表出具了非标准无保留审计意见时为1，否则为0。

2. 解释变量

解释变量为高管是否变更（Turnover），为虚拟变量，当公司发生高管变更时取1，否则为0。本章将高管界定为董事长与总经理（游家兴等，2010）。

3. 控制变量

公司规模（Size）：公司资产规模越大，经营相对越稳定，审计师越可能出具标准无保留审计意见（蔡春等，2005）。因此，本章选取公司规模作为研究审计意见影响因素的控制变量，根据顾光等（2019）的研究，用上市公司期末总资产的自然对数来度量公司规模。

资产负债率（LEV）：上市公司资产负债率代表总资产中负债的比例，资产负债率越高的公司融资越困难，可能会影响公司的长远发展。而且，资产负债率高的公司容易遇到财务困境，被出具非标准无保留审计意见的可能性加大（蔡吉甫，2007）。因此，本章将资产负债率纳入研究模型中。

总资产收益率（ROA）：总资产收益率是衡量公司盈利能力的重要指标，当上市公司的总资产收益率较低时，意味着企业的盈利能力较弱，导致企业的经营风险与错报风险升高，会使得审计师倾向于出具非标准无保留审计意见（段培阳，2002）。基于此，本章用上市公司的净利润/总资产来测量总资产收益率。

应收账款与存货比例（IRV）：在审计工作中，应收账款与存货作为重要的企业资产项目，审计师需要对上市公司的应收账款与存货进行函证、盘点与减值测试，以明确其是否真实存在、金额是否准确。应收账款与存货占总资产的比例越高，审计师会认为错报存在的可能性越大，可能在审计意见中反映出来。本章用应收账款与存货占总资产的比例来度量 IRV。

是否亏损（$Loss$）：公司发生亏损表明公司的财务状况恶劣，经营失败甚至破产的可能性加大。不仅财务报表的错报风险升高导致审计师的审计风险加大，而且未来一旦破产清算，审计师要面临诉讼风险与声誉损失。因此，如果企业发生亏损，审计师会考虑出具非标准无保留审计意见（蔡吉甫，2007）。本章用虚拟变量来度量公司是否发生亏损，如果发生亏损则为1，未发生亏损为0。

事务所规模（$Big4$）：事务所规模对审计意见的影响可以通过垄断势力假设来解释，大事务所凭借其高市场份额形成垄断势力，为了维持声誉地位，更容易出具非标准无保留审计意见以降低审计业务风险。因此，本章将事务所规模纳入实证模型中，用虚拟变量加以度量。

两职合一（$DUAL$）：是指公司的总经理与董事长为同一人的现象。在两职合一的领导权力结构中，董事会对其监管约束变弱，由于权力高度集中，容易给企业财务信息质量带来不利影响。总经理与董事长为同一人时，企业的盈余管理程度可能会升高（Davidson et al.，2004），财务报告存在重大错报的可能性加大。同时，两职合一的企业的经营风险更高（Li and Tang，2010）。所以，针对两职合一的企业，审计师更可能出具非标准无保留审计意见。

股权集中度（$Shr1$）：是衡量公司大股东对公司控制程度的指标，股权集中度越高，意味着公司股东越可以有效控制公司，缓解股东与管理层之间的代理问题。大股东为了更好地监督企业运行状况与信息透明度，会提高企业的内部控制质量（吴一丁和易紫薇，2021），努力减少管理层自利行为，有利于提高公司的财务信息质量。对于股权集中度高的企业,由于较高的会计信息质量降低了审计师的感知风险,因而更可能使审计师对其出具标准无保留审计意见。根据陈德萍和陈永圣(2011)的度量方法,本章采用公司第一大股东持股占总股本的比例来测量股权集中度。

董事会规模(ln*Board*):董事会规模是衡量董事会特征的重要变量,董事会规模会影响企业的盈余管理水平,进而影响财务信息质量,但是已有研究的结论并不一致。部分学者认为董事会规模越大,越有利于发挥对盈余管理的监督治理作用(伊志宏等,2010),进而对企业财务信息质量的监督越有效(Anderson et al., 2004)。还有部分学者认为董事会规模过大会降低成员之间的信息交流效率,不利于发挥董事会的治理职能,使得盈余管理水平升高(周晖和左鑫,2013)。因而,审计师会考虑董事会规模对审计意见的影响。本章采用董事会人数的自然对数衡量董事会规模。

独立董事规模(ln*dedire*):是指董事会中独立董事所占比例。现有文献在独立董事制度减少代理问题与约束管理层自利行为方面得出的研究结论并不统一。部分学者认为独立董事在董事会中的人数越多,越能减少高管的盈余管理行为(邓小洋和李芹,2011);也有学者认为独立董事相比管理层存在信息劣势,不能有效发挥其监督职能,甚至独立董事可能只是形式上的安排,并没有发挥其应有的治理作用(叶康涛等,2011)。审计师在审计工作中,会考虑上市公司独立董事制度的安排与其职能发挥的程度对企业财务信息质量的评价和出具的审计意见的影响。本章用独立董事人数占董事会总人数的比例对独立董事规模进行度量。

本章还控制了时间和行业固定效应。表 6.1 为变量定义。

表 6.1 变量定义

变量类型	变量名称	符号	度量方法
被解释变量	审计意见	$Opinion$	非标准无保留审计意见为1,标准无保留审计意见为0
解释变量	高管是否变更	$Turnover$	高管发生变更为1,否则为0
控制变量	公司规模	$Size$	公司期末总资产的自然对数
	资产负债率	LEV	总负债/总资产
	总资产收益率	ROA	净利润/总资产
	应收账款与存货比例	IRV	(应收账款+存货)/总资产
	是否亏损	$Loss$	发生亏损为1,否则为0
	事务所规模	$Big4$	国际四大会计师事务所取值为1,否则为0
	两职合一	$DUAL$	总经理与董事长两职合一为1,非两职合一为0
	股权集中度	$Shr1$	公司第一大股东持股占总股本的比例
	董事会规模	$lnBoard$	董事会人数的自然对数
	独立董事规模	$lndedire$	独立董事人数占董事会总人数的比例

三 模型构建

本章构建模型(6.1)来检验高管变更对审计意见的影响。模型中,$Opinion_{it}$ 代表 t 年审计师对 i 上市公司是否出具了非标准无保留审计意见;$Turnover_{it}$ 代表 t 年 i 上市公司是否发生高管变更;$Year$ 和 Ind 分别代表时间和行业固定效应。

$$Opinion_{it} = \beta_0 + \beta_1 Turnover_{it} + \beta_2 Size_{it} + \beta_3 LEV_{it} + \beta_4 ROA_{it} + \beta_5 IRV_{it} + \beta_6 Loss_{it} + \beta_7 Big4_{it} + \beta_8 DUAL_{it} + \beta_9 Shr1_{it} + \beta_{10} lnBoard_{it} + \beta_{11} lndedire_{it} + Year + Ind + \varepsilon_{it} \quad (6.1)$$

第三节 实证结果分析

一 描述性统计分析

依据表 6.2 变量描述性统计的结果，可以看出，24069 个样本观察值中，审计意见（Opinion）的均值为 0.031，表明仅有 3.1%的上市公司的审计意见为非标准无保留审计意见。高管变更（Turnover）的均值为 0.264，表明有 26.4%的公司发生了高管变更，上市公司发生高管变更的情况较为常见。公司规模（Size）的标准差为 1.272，表明样本公司在规模上具有一定差异。资产负债率（LEV）的最小值为 0.060，最大值为 0.901，表明公司之间的负债水平差异较大，偿债能力有明显的差异。公司是否亏损（Loss）的均值为 0.105，且总资产收益率（ROA）的最小值为 -0.225，最大值为 0.216，可以看出大多数公司实现了盈利，但不同公司盈利能力存在一定差异。应收账款与存货比例（IRV）的最小值为 0.008，最大值为 0.768，表明公司的应收账款与存货余额差异较大。事务所规模（Big4）的均值为 0.059，表明样本公司中只有 5.9%这一小部分是由国际四大会计师事务所审计的。两职合一（DUAL）的均值为 0.187，说明样本公司中有 18.7%的公司总经理与董事长是同一人。股权集中度（Shr1），即第一大股东持股占总股本比例的标准差为 0.14936，最大值与最小值相差甚大，均值为 0.34623，表明上市公司的股权集中度存在一定差异，且股权集中度普遍较高。董事会规模（lnBoard）的最大值与最小值具有一定差距，说明上市公司之间的治理结构存在一定差异。独立董事规模（lndedire）的最大值为 0.600，均值为 0.378，表明我国上市公司独立董事人数占董事会总人数的比例差异不大。

表 6.2 变量的描述性统计

变量	样本量	均值	标准差	最小值	最大值
$Opinion$	24069	0.031	0.174	0	1
$Turnover$	24069	0.264	0.441	0	1
$Size$	24069	22.192	1.272	19.810	26.101
LEV	24069	0.451	0.204	0.060	0.901
ROA	24069	0.038	0.062	-0.225	0.216
IRV	24069	0.279	0.175	0.008	0.768
$Loss$	24069	0.105	0.306	0	1
$Big4$	24069	0.059	0.236	0	1
$DUAL$	24069	0.187	0.390	0	1
$Shr1$	24069	0.34623	0.14936	0.08770	0.74820
$lnBoard$	24069	2.291	0.247	1.609	2.890
$lndedire$	24069	0.378	0.070	0.250	0.600

二 相关性分析

表 6.3 列示了本章模型中变量的相关系数。从表中可以看出，高管变更（$Turnover$）与审计意见（$Opinion$）之间的相关系数为正，且在 1% 的水平下显著，表明在不考虑其他因素的情况下，发生高管变更的公司，审计师会出具更多的非标准无保留审计意见，这与假设 H6-1a 的预期一致。

三 实证结果及分析

表 6.4 为高管变更对审计意见影响的 Probit 回归分析结果。列（1）未加入控制变量，回归模型中仅控制了时间固定效应与行业固定效应，显示了高管变更对非标准无保留审计意见的直接影响，可以

表 6.3 相关性分析

变量	Opinion	Turnover	Size	LEV	ROA	IRV	Loss	Big4	DUAL	Shr1	lnBoard	lnedire
Opinion	1											
Turnover	0.062***	1										
Size	-0.071***	0.052***	1									
LEV	0.135***	0.090***	0.432***	1								
ROA	-0.310***	-0.099***	0.050***	-0.341***	1							
IRV	-0.034***	-0.027**	-0.011*	0.254***	-0.019***	1						
Loss	0.263***	0.077***	-0.091***	0.183***	-0.597***	-0.044***	1					
Big4	-0.024**	0.022**	0.368***	0.101***	0.044***	-0.060***	-0.035***	1				
DUAL	0.008	-0.088***	-0.087***	-0.091***	0.022***	0.046***	-0.008	-0.047***	1			
Shr1	-0.082***	0.025**	0.238***	0.076***	0.118***	-0.016**	-0.085***	0.147***	-0.040***	1		
lnBoard	0.044***	0.239***	0.219***	0.135***	-0.048***	-0.073***	0.039***	0.079***	-0.106***	0.004	1	
lnedire	-0.020**	-0.119***	-0.019***	-0.063***	0.028***	0.042***	-0.033***	0.001	0.090***	0.018***	-0.155***	1

注：*、**、*** 分别表示在10%、5%、1%的水平下显著。

看出 *Turnover* 的回归系数为 0.3156，在 1% 的水平下显著，表明高管变更会显著促使审计师出具非标准无保留审计意见。列（2）与列（3）继续加入控制变量，结果显示 *Turnover* 的回归系数均在 1% 的水平下显著，假设 H6-1a 成立。这表明上市公司高管变更会显著地提高审计师出具非标准无保留审计意见的可能性，也就是说，审计师会更谨慎地对待发生高管变更的公司。一方面是出于对较高的盈余管理程度下存在财务错报尚未发现的考虑，另一方面是出于对公司经营风险升高的考虑，审计师最终会对发生高管变更的公司更多地出具非标准无保留审计意见。这进一步说明我国审计师对于高管变更这一风险因素能够有效识别并加以应对，遵循了审计准则的要求，最终表现为出具更谨慎的审计意见。控制变量公司规模（*Size*）对审计师出具非标准无保留审计意见具有显著的负向影响，这表明相比小公司而言，拥有大规模资产的公司经营更加稳定，审计风险更低，审计师更容易出具标准无保留审计意见。资产负债率（*LEV*）越高的公司被出具非标准无保留审计意见的可能性越大，表明当企业的资产负债率较高时经营风险较大，容易发生财务困境甚至导致较高的盈余管理水平，这加大了审计师的感知风险，从而对公司的财务报告更倾向于出具非标准无保留审计意见。总资产收益率（*ROA*）越高越会显著降低非标准无保留审计意见的可能性，表明总资产收益率高的公司盈利能力强，审计师感知到的风险较低，会出具更多的标准无保留审计意见。当年发生亏损（*Loss*）的公司被出具非标准无保留审计意见的可能更大，这是由于发生亏损意味着上市公司经营出现了严重问题，经营风险很大，财务报表错报风险也会加大，审计师更容易出具非标准无保留审计意见。两职合一（*DUAL*）的公司由于董事长和总经理是同一人，可能会增加管理层的自利行为，导致财务报表错报风险加大，审计意见类型更可能为非标准无保留审计意见。股权集中度（*Shr1*）会显著降低审计师出具非标准无保留审计意见的可能性，这表明股权集中度大，股东可以有效制衡管理层，减少代理问题，使审计师感知到的风险降低。董事会规模（$lnBoard$）更大的公司更可能被出具非标准无保留审计意见，表明董事会规模过大，可能导致董事会凝聚力下降，治理效率降低，从而提高审计师对公司的感知风险。

表6.4 高管变更对审计意见的影响结果

变量	(1) Opinion	(2) Opinion	(3) Opinion
Turnover	0.3156***	0.1612***	0.1205***
	(9.28)	(4.06)	(2.89)
Size		-0.2349***	-0.2243***
		(-12.89)	(-11.88)
LEV		1.4796***	1.4700***
		(14.25)	(14.04)
ROA		-3.0819***	-2.9418***
		(-11.52)	(-10.93)
IRV		-0.8429***	-0.8224***
		(-6.95)	(-6.72)
Loss		0.4074***	0.4019***
		(7.18)	(7.05)
Big4		0.0850	0.0938
		(0.84)	(0.91)
DUAL			0.0989**
			(2.05)
Shr1			-0.0085***
			(-5.85)
lnBoard			0.3063***
			(3.87)
lndedire			-0.0631
			(-0.23)
常数项	-1.7333***	2.6247***	2.0769***
	(-12.60)	(6.56)	(4.77)

续表

变量	(1) Opinion	(2) Opinion	(3) Opinion
时间固定效应	控制	控制	控制
行业固定效应	控制	控制	控制
R^2	0.0318	0.2532	0.2618
N	24069	24069	24069

注：**、***分别表示在5%、1%的水平下显著；括号中为z值。

四 稳健性检验

1. 内生性检验

为了控制样本选择偏差导致的内生性问题，本章采用倾向得分匹配法（PSM）进行控制。本章选取公司规模（$Size$）、资产负债率（LEV）、总资产收益率（ROA）和两职合一（$DUAL$）为配对标准，按照1∶1无放回的最近邻匹配方法进行匹配，最终得到9973个样本。为保证匹配样本的可靠性，本章进行了平衡性检验，结果如表6.5所示。结果表明，匹配前处理组和控制组匹配变量均存在差异，且在1%的水平下显著，匹配后处理组和控制组匹配变量的差异均不显著，偏差出现了大幅度减少，表明样本匹配效果明显，显著控制了样本选择偏差问题。本章利用匹配后的样本，重新验证模型（6.1），回归结果如表6.6列（1）所示，高管变更对审计意见的影响并未有实质性改变。

表6.5 PSM匹配变量平衡性检验

变量	是否匹配	处理组	控制组	t值	偏差（%）	匹配后偏差减少（%）
$Size$	匹配前	22.309	22.154	8.11***	11.7	84.4
	匹配后	22.310	22.334	-1.00	-1.8	

续表

变量	是否匹配	处理组	控制组	t 值	偏差（%）	匹配后偏差减少（%）
LEV	匹配前	0.48378	0.44105	14.04***	20.3	94.3
	匹配后	0.48318	0.48075	0.64	1.2	
ROA	匹配前	0.02491	0.04174	−15.42***	−20.9	91.6
	匹配后	0.02551	0.02692	−0.94	−1.8	
DUAL	匹配前	0.13008	0.20786	−13.68***	−20.9	91.9
	匹配后	0.12996	0.12366	1.07	1.7	

注：*** 表示在1%的水平下显著。

2. 其他稳健性检验

（1）Logit 检验。由于本章的被解释变量审计师是否出具非标准无保留审计意见为虚拟变量，因此，继续用 Logit 检验方法对模型进行检验。结果如表 6.6 列（2）所示，高管变更对审计师出具非标准无保留审计意见的影响依然显著为正，表明实证结果是稳健的。

表 6.6 PSM 检验与 Logit 检验

变量	（1）Opinion	（2）Opinion
Turnover	0.1620***	0.2247**
	(2.70)	(2.48)
Size	−0.2045***	−0.4680***
	(−7.39)	(−11.55)
LEV	1.4943***	3.2235***
	(9.84)	(14.71)
ROA	−2.9696***	−5.1393***
	(−7.62)	(−9.98)
IRV	−0.9587***	−1.7484***
	(−5.18)	(−6.41)
Loss	0.4621***	0.9315***
	(5.58)	(7.86)

续表

变量	（1） Opinion	（2） Opinion
Big4	-0.0708	0.1587
	(-0.44)	(0.66)
DUAL	0.1376*	0.2269**
	(1.79)	(2.15)
Shr1	-0.0070***	-0.0195***
	(-3.27)	(-5.89)
lnBoard	0.3872***	0.6893***
	(3.36)	(3.98)
lndedire	-0.3427	-0.1655
	(-0.84)	(-0.27)
常数项	1.4236**	4.4936***
	(2.22)	(4.77)
时间固定效应	控制	控制
行业固定效应	控制	控制
R^2	0.2847	0.2620
N	9973	24069

注：*、**、***分别表示在10%、5%、1%的水平下显著；括号中为z值。

（2）更换解释变量高管变更的度量指标。本章借鉴林永坚等（2013）的研究，将高管变更重新定义为仅总经理变更、仅董事长变更，并分别检验两种变更情况下对审计意见的影响。由表6.7可知，仅总经理变更或者仅董事长变更对审计师出具非标准无保留审计意见的影响均在1%的水平下显著为正，表明研究结论是稳健的。

表6.7 替换高管变更度量指标的检验结果

变量	总经理变更 Opinion	董事长变更 Opinion
Turnover	0.1357***	2.0921***
	(3.07)	(4.81)

续表

变量	总经理变更 Opinion	董事长变更 Opinion
Size	-0.2246***	-0.2240***
	(-11.89)	(-11.86)
LEV	1.4743***	1.4741***
	(14.08)	(14.09)
ROA	-2.9495***	-2.9423***
	(-10.96)	(-10.93)
IRV	-0.8280***	-0.8234***
	(-6.76)	(-6.73)
Loss	0.4025***	0.3998***
	(7.05)	(7.01)
Big4	0.0950	0.0920
	(0.92)	(0.89)
DUAL	0.0983**	0.0929*
	(2.04)	(1.93)
Shr1	-0.0085***	-0.0086***
	(-5.82)	(-5.90)
lnBoard	0.3159***	0.2988***
	(4.04)	(3.75)
lnedire	-0.0898	-0.0360
	(-0.33)	(-0.13)
常数项	2.0692***	2.0921***
	(4.76)	(4.81)
时间固定效应	控制	控制
行业固定效应	控制	控制
R^2	0.2619	0.2618
N	24069	24069

注：*、**、*** 分别表示在10%、5%、1%的水平下显著；括号中为z值。

（3）改变样本量。考虑到检验结果可能受到上市公司改变了雇佣的会计师事务所的影响，剔除了总体 24069 个观测样本中的 3171 个发生了会计师事务所变更的样本。同时考虑 2008 年的全球性金融危机对回归结果的影响，进一步剔除了 2008 年的样本数据。表 6.8 列（1）与列（2）分别显示了剔除会计师事务所发生变更以及删除 2008 年样本数据的结果，高管变更对审计师出具非标准无保留审计意见的影响依然在 1% 的水平下显著为正，表明实证结果是稳健的。

表 6.8 改变样本量的检验结果

变量	（1）Opinion	（2）Opinion
Turnover	0.1384***	0.1230***
	(3.03)	(2.90)
Size	-0.2035***	-0.2259***
	(-9.82)	(-11.83)
LEV	1.3556***	1.4885***
	(11.72)	(14.04)
ROA	-3.0038***	-2.8590***
	(-10.20)	(-10.55)
IRV	-0.8263***	-0.8188***
	(-6.17)	(-6.61)
Loss	0.3920***	0.4171***
	(6.27)	(7.20)
Big4	0.0074	0.0871
	(0.06)	(0.82)
DUAL	0.0875*	0.0998**
	(1.66)	(2.05)
Shr1	-0.0073***	-0.0085***
	(-4.60)	(-5.74)
lnBoard	0.2889***	0.2898***
	(3.32)	(3.61)

续表

变量	(1) Opinion	(2) Opinion
ln*dedire*	-0.0940	-0.0291
	(-0.31)	(-0.10)
常数项	1.6978***	2.1334***
	(3.54)	(4.85)
时间固定效应	控制	控制
行业固定效应	控制	控制
R^2	0.2537	0.2631
N	20898	23118

注：*、**、*** 分别表示在 10%、5%、1% 的水平下显著；括号中为 z 值。

第四节 进一步分析

在考察了上市公司高管变更对审计意见影响的基础上，为了进一步理解审计师的风险应对行为，本章继续探讨了企业异质性（产权性质、内控质量、市场势力与媒体关注度）在高管变更与审计意见关系中发挥的调节作用。同时，本章在理论分析梳理出高管变更通过提高企业的盈余管理程度与战略调整程度促使审计师出具非标准无保留审计意见的基础上，运用中介效应模型对此进行实证检验。

一 产权性质的差异

国有企业相比非国有企业，在资金获取渠道与政策支持等方面存在较大的天然优势，经营风险更小，高管的业绩压力也更小。同时，国有企业的重大战略规划的调整不仅需要通过董事会，还需要国有资产监管部门的审批。因此，国有企业继任高管对利润操纵的动机更弱且面临的监管环境更严格，审计师对国有企业高管变更带来的感知风险会降低。相反，在非国有企业发生高管变更的审计业务中，由于非国有企业的盈余管理程度与战略调整程度比国有企业大，审计师对非国有企业会进行更多的审计工作投入以降低自身风险。

基于以上分析，本章将样本公司分为国有企业组和非国有企业组，分别考察高管变更对审计意见的影响。如表 6.9 所示，结果表明，在非国有企业组中，高管变更会显著地促使审计师出具非标准无保留审计意见；在国有企业组中，高管变更没有显著地促使审计师出具非标准无保留审计意见。这也进一步表明，审计师在发生高管变更的非国有企业中，出具非标准无保留审计意见的可能性更大。审计师在面对发生高管变更的审计环境中，能够识别出高管变更带来的审计业务风险的提高，并反映在出具的审计意见类型上。同时，审计师会考虑上市公司的产权性质，由于国有企业相比非国有企业，经营更稳定，盈余管理行为更少，审计业务风险更低，因而国有企业高管变更不会增加出具非标准无保留审计意见的可能性。

表 6.9 高管变更、产权性质与审计意见检验结果

变量	国有企业组 $Opinion$	非国有企业组 $Opinion$
$Turnover$	0.0237 (0.34)	0.1967*** (3.67)
$Size$	-0.2517*** (-7.61)	-0.1860*** (-7.75)
LEV	1.4805*** (8.10)	1.4956*** (11.28)
ROA	-4.6092*** (-8.10)	-2.3660*** (-7.64)

续表

变量	国有企业组 *Opinion*	非国有企业组 *Opinion*
IRV	-0.8680***	-0.8924***
	(-4.07)	(-5.99)
Loss	0.2234**	0.4684***
	(2.29)	(6.41)
*Big*4	0.2489*	-0.0270
	(1.74)	(-0.17)
DUAL	0.0031	0.0607
	(0.02)	(1.12)
*Shr*1	-0.0059**	-0.0076***
	(-2.50)	(-3.94)
ln*Board*	0.3998***	0.3407***
	(2.84)	(3.45)
ln*dedire*	-0.0478	-0.3032
	(-0.09)	(-0.89)
常数项	2.1353***	1.4889**
	(2.78)	(2.56)
时间固定效应	控制	控制
行业固定效应	控制	控制
R^2	0.2774	0.2658
N	10592	13477

注：*、**、*** 分别表示在10%、5%、1%的水平下显著；括号中为 z 值。

二 内控质量的差异

企业内部控制是保障财务报表信息质量的第一道屏障（张先治等，2018），有效的内部控制能够规范公司制度、控制公司流程（杨德明和胡婷，2010）。审计师在上市公司高管发生变更的审计业务中，主要通过两方面的感知风险提升影响其出具的审计意见类型。首先是高管变更后，继任高管有进行向下利润操纵的动机，但是在内部控制质量良好的企业中，内控的监督治理职能会有效减少继任高管通过应计项目的调整进行盈余操控的机会。因而，审计师在面对内控质量较高的企业发生高管变更时，感知的审计风险会降低。较低的感知风险不会促使审计师更多地出具非标准无保留审计意见。反之，当企业的内部控制质量较低时，高管变更带来的风险没有得到有效的抑制，审计师会更倾向于出具非标准无保留审计意见。其次是高管变更会带来战略调整程度的加大，战略调整会涉及企业多方面的经营决策，如并购、研发投入、资产剥离、投资与融资等会产生一定的改变。随着业务改变程度的加大，财务报表的错报风险也会升高。如果这一过程中，公司内部控制能够有效地发挥其对财务信息核算流程的监督作用，就可以控制公司因高管变更引发的重大错报风险。对于审计师而言，内部控制的有效性是其出具审计意见类型的重要参考因素，因此，审计师对高管发生变更的公司，虽然识别出了其由于战略调整导致经营决策发生变化，但是对其审计业务风险提高的感知程度会降低。基于以上分析，相比于内控质量较高的公司，内控质量较低的公司发生高管变更时，审计师会出具更多的非标准无保留审计意见。

如表6.10所示，将样本公司分为低内控质量组和高内控质量组，分别考察高管变更对审计意见的影响。结果表明，在高内控质量组中，高管变更对审计意见的影响不显著；在低内控质量组中，高管变更对审计意见的影响在1%的水平下显著为正。这一结果表明审计师在审计工作中，会考虑上市公司内部控制是否有效的问题。这也正符合我国当前的《审计准则》，《审计准则》要求审计师在审计工作中了解被审计单位内部控制设计和运行的情况，以了解其对财务报表重大错报风险的影响。较高的内控质量不仅可以降低继任高管的盈余管理程度，还能有效降低财务报表错报风险。因而，内部控制质量可以调节高管变更与审计意见之间的关系，并且内部控制质量越高,越可以降低高管变更时公司被出具非标准无保留审计意见的可能性。

表6.10 高管变更、内控质量与审计意见检验结果

变量	低内控质量组 Opinion	高内控质量组 Opinion
Turnover	0.1219***	0.0129
	(2.75)	(0.09)
Size	-0.2135***	-0.0753
	(-10.31)	(-1.23)
LEV	1.5327***	0.5505
	(13.97)	(1.29)
ROA	-2.8348***	-4.1406***
	(-10.14)	(-3.10)
IRV	-0.7846***	-0.8267*
	(-6.04)	(-1.89)
Loss	0.2977***	1.3176***
	(5.03)	(5.37)
Big4	0.0576	0.2524
	(0.47)	(1.13)
DUAL	0.1125**	0.0503
	(2.20)	(0.28)
Shr1	-0.0087***	-0.0067
	(-5.57)	(-1.45)
lnBoard	0.3463***	-0.0494
	(4.12)	(-0.17)
Indedire	0.0377	-0.7912
	(0.13)	(-0.81)
常数项	2.1239***	-6.8380
	(4.40)	(-0.03)
时间固定效应	控制	控制
行业固定效应	控制	控制

续表

变量	低内控质量组 Opinion	高内控质量组 Opinion
R^2	0.2347	0.3143
N	16041	8028

注：*、**、*** 分别表示在 10%、5%、1% 的水平下显著；括号中为 z 值。

三 市场势力的差异

市场势力反映了公司在行业内的定价能力，市场势力越强，代表公司在行业中的竞争能力越强；市场势力越弱，表明公司在行业中的竞争能力越弱。市场势力弱的企业发生高管变更，会使得继任高管进行盈余管理的动机增强，同时也会进一步放大企业在高管变更期间的经营风险，进而加大审计师的审计业务风险，提高审计师对上市公司财务报告出具非标准无保留审计意见的可能性。基于以上分析，相比于产品市场势力强的公司，产品市场势力弱的公司在发生高管变更时，审计师出具非标准无保留审计意见的可能性更高。

如表 6.11 所示，将样本公司分为弱市场势力组和强市场势力组，分别考察高管变更对审计意见的影响。结果表明，在强市场势力组中，高管变更对审计意见的影响不显著；在弱市场势力组中，高管变更对审计意见的影响在 1% 的水平下显著为正。如果上市公司自身在产品市场竞争方面具有较强的优势，那么表明其经营稳定性更高，盈余管理程度会降低。因此，较强的市场势力可以降低高管变更导致被出具非标准无保留审计意见的可能性，这也说明我国的审计师在识别高管变更这一风险因素的情况下，会全面地了解被审计单位的经营环境，并对总体感知到的风险加以应对，这种应对体现在审计意见类型的变化上。

表 6.11 高管变更、市场势力与审计意见检验结果

变量	弱市场势力组 $Opinion$	强市场势力组 $Opinion$
$Turnover$	0.2554***	-0.0264
	(4.43)	(-0.43)
$Size$	-0.2256***	-0.2230***
	(-8.37)	(-8.19)
LEV	1.6135***	1.3088***
	(10.84)	(8.70)
ROA	-3.7889***	-2.5682***
	(-8.04)	(-7.54)
IRV	-0.8130***	-0.7923***
	(-4.52)	(-4.60)
$Loss$	0.2744***	0.4873***
	(3.28)	(5.96)
$Big4$	-0.0717	0.2122
	(-0.42)	(1.59)
$DUAL$	0.0818	0.1247*
	(1.16)	(1.86)
$Shr1$	-0.0092***	-0.0084***
	(-4.43)	(-4.07)
$lnBoard$	0.3109***	0.2802**
	(2.77)	(2.48)
$lndedire$	0.0353	-0.1963
	(0.09)	(-0.49)
常数项	0.3775***	0.3240***
	(10.52)	(8.41)
时间固定效应	控制	控制
行业固定效应	控制	控制
R^2	0.2842	0.2514
N	12069	12000

注：*、**、***分别表示在10%、5%、1%的水平下显著；括号中为 z 值。

四 媒体关注度的差异

结合前文中的相关分析,相比于低媒体关注度的公司,媒体关注度较高的公司发生高管变更时,由于其继任高管的盈余管理倾向更强,并且审计师一旦审计失败自身遭受的损失也更多,审计师对媒体关注度高的公司发生高管变更的风险情境出具非标准无保留审计意见的可能性更大。基于此,本章用财经报刊对公司报道的数量作为媒体关注度的度量指标,将样本公司分为低媒体关注度组和高媒体关注度组,进一步检验审计师在媒体关注度不同的上市公司发生高管变更时,所出具审计意见类型的差异。

如表 6.12 所示,结果表明,在低媒体关注度组中,高管变更显著地促使审计师出具非标准无保留审计意见;在高媒体关注度组中,高管变更同样会显著地促使审计师出具非标准无保留审计意见。这一结果表明,在高管发生变更的审计业务中,无论高程度还是低程度的媒体关注,审计师对上市公司都出具非标准无保留审计意见。

表 6.12 高管变更、媒体关注度与审计意见检验结果

变量	低媒体关注度组 Opinion	高媒体关注度组 Opinion
Turnover	0.1825**	0.0924*
	(2.57)	(1.76)
Size	-0.1524***	-0.2583***
	(-4.29)	(-10.88)
LEV	1.8880***	1.2361***
	(10.68)	(9.32)
ROA	-3.2321***	-2.8255***
	(-7.53)	(-8.04)

续表

变量	低媒体关注度组 Opinion	高媒体关注度组 Opinion
IRV	-0.8157***	-0.8655***
	(-3.93)	(-5.52)
Loss	0.3380***	0.4392***
	(3.54)	(6.07)
Big4	0.1379	0.1087
	(0.57)	(0.94)
DUAL	0.1562**	0.0727
	(2.00)	(1.17)
Shr1	-0.0103***	-0.0071***
	(-3.90)	(-4.02)
lnBoard	-0.1498	0.5326***
	(-1.10)	(5.34)
lnIdedire	-0.9065*	0.3290
	(-1.83)	(0.97)
常数项	2.4019***	2.3408***
	(2.79)	(4.08)
时间固定效应	控制	控制
行业固定效应	控制	控制
R^2	0.2925	0.2576
N	8090	15979

注：*、**、***分别表示在10%、5%、1%的水平下显著；括号中为z值。

五 路径检验

高管变更会显著促使审计师出具非标准无保留审计意见。本章借鉴温忠麟等（2004）的中介效应检验法，构建中介效应模型来检验盈余管理与战略调整这两条影响路径。

前文模型（6.1）的检验结果表明，高管变更对出具非标准无保留审计意见具有显著的正向影响，此即中介效应检验的第一步。第四章模型（4.5）的检验结果表明，高管变更会显著地提高公司的盈余管理程度与战略调整程度，此即中介效应检验的第二步。在此基础上，本章构建模型（6.2）来检验高管变更、盈余管理程度与战略调整程度对审计意见的影响，此即中介效应检验的第三步。

$$Opinion_{it} = \beta_0 + \beta_1 Turnover_{it} + \beta_2 AbsDa_{it}/Stra_{it} + \beta_3 Size_{it} + \beta_4 LEV_{it} + \beta_5 ROA_{it} + \beta_6 IRV_{it} + \beta_7 Loss_{it} + \beta_8 Big4_{it} + \beta_9 DUAL_{it} + \beta_{10} Shr1_{it} + \beta_{11} \ln Board_{it} + \beta_{12} \ln dedire_{it} + Year + Ind + \varepsilon_{it} \quad (6.2)$$

表 6.13 列（2）的结果显示，高管变更显著地提高了上市公司盈余管理程度，表明上市公司发生高管变更后，继任高管会进行更多的盈余管理行为。列（3）的结果显示，高管变更与盈余管理程度均对出具非标准无保留审计意见具有显著的正向作用，这表明企业的盈余管理程度在高管变更影响审计意见类型的关系中起到了部分中介效应。表 6.14 列（2）的结果显示，高管变更显著地提高了上市公司的战略调整程度，表明上市公司发生高管变更后，战略有了明显的改变。列（3）的结果显示，高管变更与战略调整程度均对出具非标准无保留审计意见具有显著的正向作用，这表明企业战略调整程度在高管变更对出具非标准无保留审计意见的影响中起到了部分中介效应。

表 6.13 路径检验：盈余管理程度

变量	（1）模型（6.1） Opinion	（2）模型（4.5） AbsDa	（3）模型（6.2） Opinion
Turnover	0.1205*** (2.89)	0.0057*** (2.78)	0.1183*** (2.83)
AbsDa			0.8440*** (2.96)

续表

变量	(1) 模型 (6.1) $Opinion$	(2) 模型 (4.5) $AbsDa$	(3) 模型 (6.2) $Opinion$
$Size$	-0.2243***	-0.0066***	-0.2202***
	(-11.88)	(-7.21)	(-11.65)
LEV	1.4700***	0.0527***	1.4688***
	(14.04)	(9.15)	(14.02)
ROA	-2.9418***	0.4942***	-2.5992***
	(-10.93)	(31.54)	(-8.94)
IRV	-0.8224***	0.0627***	-0.8583***
	(-6.72)	(10.42)	(-6.98)
$Loss$	0.4019***	0.0353***	0.4175***
	(7.05)	(9.81)	(7.27)
$Big4$	0.0938	0.0073*	0.0995
	(0.91)	(1.81)	(0.97)
$DUAL$	0.0989**	0.0101***	0.0908*
	(2.05)	(4.38)	(1.88)
$Shr1$	-0.0085***	0.0002***	-0.0085***
	(-5.85)	(2.80)	(-5.84)
$lnBoard$	0.3063***	0.0026	0.3012***
	(3.87)	(0.70)	(3.81)
$lndedire$	-0.0631	-0.0055	-0.0695
	(-0.23)	(-0.44)	(-0.25)
常数项	2.0769***	0.2225***	0.3394***
	(4.77)	(10.48)	(13.28)
时间固定效应	控制	控制	控制
行业固定效应	控制	控制	控制
R^2	0.2618	0.1026	0.2630
N	24069	24069	24069

注：*、**、*** 分别表示在 10%、5%、1%的水平下显著；列 (1) 与列 (3) 括号中为 z 值，列 (2) 括号中为 t 值。

表 6.14 路径检验：战略调整程度

变量	（1）模型（6.1） Opinion	（2）模型（4.5） Stra	（3）模型（6.2） Opinion
Turnover	0.1205***	0.0213***	0.1081**
	(2.89)	(4.36)	(2.57)
Stra			0.3354***
			(7.80)
Size	-0.2243***	-0.0162***	-0.2089***
	(-11.88)	(-7.48)	(-11.01)
LEV	1.4700***	0.2442***	1.3160***
	(14.04)	(18.00)	(12.47)
ROA	-2.9418***	-0.2998***	-2.7898***
	(-10.93)	(-8.12)	(-10.33)
IRV	-0.8224***	-0.4550***	-0.5999***
	(-6.72)	(-32.07)	(-4.82)
Loss	0.4019***	0.1472***	0.3662***
	(7.05)	(17.35)	(6.35)
Big4	0.0938	0.0560***	0.0610
	(0.91)	(5.89)	(0.59)
DUAL	0.0989**	0.0062	0.0965**
	(2.05)	(1.14)	(1.99)
Shr1	-0.0085***	0.0000	-0.0083***
	(-5.85)	(0.08)	(-5.64)
lnBoard	0.3063***	0.0063	0.3053***
	(3.87)	(0.70)	(3.84)
lnedire	-0.0631	0.0488*	-0.1070
	(-0.23)	(1.65)	(-0.38)
常数项	2.0769***	0.8729***	0.3052***
	(4.77)	(17.44)	(11.95)
时间固定效应	控制	控制	控制
行业固定效应	控制	控制	控制

163

续表

变量	(1) 模型 (6.1) Opinion	(2) 模型 (4.5) Stra	(3) 模型 (6.2) Opinion
R^2	0.2618	0.1175	0.2706
N	24069	24069	24069

注：*、**、*** 分别表示在10%、5%、1%的水平下显著；列（1）与列（3）括号中为 z 值，列（2）括号中为 t 值。

第五节 本章小结

本章以 2007~2019 年的中国沪深 A 股上市公司为研究样本，理论分析并实证检验了高管变更对审计师出具的审计意见类型的影响。研究发现：高管变更会显著地促使审计师出具非标准无保留审计意见，表明我国审计师在识别上市公司高管发生变更带来的风险并提高审计收费的同时进行更多的审计努力以应对风险是有效的，这种效果最终反映在出具更为谨慎的非标准无保留审计意见上。为保证结论的稳健性，本章分别进行了 PSM 匹配变量平衡性检验、Logit 检验、改变解释变量的衡量方式、改变样本量等多种稳健性检验，研究结论依然成立。进一步深入探究发现，当企业为非国有企业、内控质量越低、市场势力越弱时，高管变更促使审计师出具非标准无保留审计意见的作用越明显。媒体关注度并不会影响高管变更与审计意见类型的关系，无论媒体关注度是高还是低，审计师对于发生高管变更的上市公司，都更倾向于出具非标准无保留审计意见。这表明，我国审计师在实际工作中，当面对发生高管变更的高风险审计业务时，会更多地考虑企业本身的特质如产权性质、内控质量、市场势力给高管变更带来的审计业务风险的整体影响，外在媒体关注度不会影响审计师风险应对最后阶段的审计意见类型。同时，本章进一步实证检验得出，高管变更会通过增大公司的盈余管理程度与战略调整程度促使审计师出具更多的非标准无保留审计意见。

第七章　研究结论、政策建议及研究局限和展望

本章主要是对本书的研究结论进行归纳总结，并对我国上市公司、审计师及会计师事务所、投资者和监管机构等各类主体在完善公司治理、提高审计质量、优化投资决策与保护投资者利益等方面提出具体的政策建议，最后思考并阐述本书研究存在的局限性，为后续研究提出展望。

第一节　研究结论

上市公司高管变更会增加审计师的审计风险与业务风险。审计师能否识别出高管变更带来的审计业务风险并加以有效应对，对于资本市场财务信息质量至关重要。本书以 2007~2019 年的中国沪深 A 股上市公司为研究样本，深入系统地探讨了高管变更对审计师风险应对的影响，主要得出以下研究结论。

（1）上市公司高管变更会显著地提高审计师的审计收费。上市公司高管变更一方面会增加企业的盈余管理程度，扭曲会计信息质量，增大财务报告的重大错报风险，提高审计师的审计业务风险；另一方面会提高企业的战略调整程度，导致企业的经营风险升高，引发重大错报风险，增加审计师的审计业务风险。审计师作为资本市场对财务信息质量进行独立鉴证的第三方，识别导致上市公司发

生重大错报的风险因素并加以应对是降低审计业务风险、保证审计质量的关键。本书研究发现高管变更显著地提高了审计收费，这表明我国审计师在高管发生变更的审计业务中，能够识别出高管变更带来的风险，并提高审计收费。

（2）上市公司高管变更会显著地增加审计师的审计投入。上市公司高管变更会引发审计师的风险感知，无论是通过加大审计工作投入还是收取更多的风险溢价，当发生高管变更时，审计师都会提高审计收费。本书进一步探讨了在公司高管发生变更时，审计师在收取高额费用的同时是否真正进行了更多的审计工作投入。研究发现：高管变更会显著地提高审计投入，表明我国审计师在识别上市公司高管发生变更带来的风险并提高审计收费的同时，进行了更多的审计工作投入。在面对高管变更这一高风险情境时，审计师遵循了审计准则和职业道德，提高了审计收费的同时确实进行了额外的审计努力，增加了审计时间，并不是消极地提高收费仅用于风险补偿而没有明显的工作改变。

（3）上市公司高管变更促使审计师更多地出具非标准无保留审计意见。本书进一步研究了审计师在识别高管变更带来较高审计风险与诉讼风险并进行更多的审计努力后，能否将上市公司财务信息情况恰当地反映在出具的审计意见中，以保证审计工作质量，为资本市场财务信息的可靠性提供有力保障。研究发现：高管变更会显著地促使审计师出具非标准无保留审计意见，表明我国审计师在识别上市公司高管发生变更带来的风险并提高审计收费的同时进行更多的审计努力以应对风险是有效的，这种效果最终反映在出具更为谨慎的非标准无保留审计意见上。

（4）上市公司高管变更通过提高企业的盈余管理程度与战略调整程度促使审计师提高审计收费、加大审计投入与出具非标准无保留审计意见。本书在理论分析高管变更影响审计师风险应对机制的基础上，运用中介效应模型实证检验了盈余管理程度与战略调整程度在二者影响关系中的中介作用，结果表明盈余管理程度与战略调整程度在高管变更影响审计师风险应对的关系中均起到了部分中介效应。这进一步明确了高管变更为企业带来的经济后果，厘清了审计师在高管变更的审计业务中，主要是基于何种因素的考虑，加大了其风险应对程度。

（5）进一步分析发现，不同情境下上市公司高管变更对审计师风险应对即审计收费、审计投入与审计意见的影响有所不同。从产权性质角度看，相比于国有企业，非国有企业由于在融资政策扶持等方面资源不足，审计师对非国有企业高管变更的感知风险更高。因此，审计师对发生高管变更的非国有企业会采取更为严格的风险应对，即更多的审计收费与审计投入，更可能出具非标准无保留审计意见。从内控质量角度看，内控质量低的企业一方面由于会计核算容易出现错误，另一方面企业自身对盈余管理的监督约束较弱，使得审计师面对内控质量较低的公司在发生高管变更时，会收取更多的审计费用、投入更多的审计努力以及更可能出具非标准无保留审计意见，以应对较高的审计业务风险。从企业市场势力角度看，企业自身在产品市场中越具有竞争优势，企业的经营风险越低，反之，当审计师认为企业市场竞争力越小，经营风险越大，财务报告存在重大错报的可能性越高，就越会选择更严格的措施加以应对。从媒体关注度的角度看，相比于低媒体关注度，审计师会注意较高的媒体关注度对审计失败引发的作用。高媒体关注度下，审计师审计业务风险的容忍度降低，会收取更多的审计费用与投入更多的审计努力。媒体关注度并不会影响高管变更与审计意见类型的关系，无论媒体关注度是高还是低，审计师对于发生高管变更的上市公司，都更倾向于出具非标准无保留审计意见。

第二节　政策建议

一　上市公司层面

上市公司在发生高管变更的情况下，应该重点关注此事件给自身带来的两方面影响。一是继任高管人员的盈余操纵行为，二是审计师由于高管变更对公司提高审计收费与出具非标准无保留审计意见的可能性加大。虽然继任高管会给企业带来有利于经营方面的改善，但是也不可忽视高管变更给公司带来的不利影响。

具体来说，针对继任高管可能产生的更强的盈余操纵倾向，要及时完善公司内部的监督治理机制，减少高管的自利行为。董事会应该发挥其对高管人员的监督职能，对继任高管上任后的行为进行有效约束。尤其要重视独立董事制度的建设，外部独立董事可以对公司的重要经营决策提供合理建议，打破董事会内部成员与管理层的固有结构。有效发挥公司独立董事职能，可以约束高管人员的自利行为，降低盈余管理程度，提高公司的治理效率。同时，还要不断完善公司的内部控制，高质量内部控制可以对公司整体的经营环节进行有力监管，不仅可以提高公司治理效率，还可以提高财务信息质量。此外，上市公司应当制定适当的高管人员薪酬激励政策，通过股权激励等方式使高管人员的利益与公司的利益保持一致，从而减少其盈余管理等自利行为。

在聘用外部审计师工作时，上市公司应当尽可能避免由于高管变更导致财务信息质量降低与经营风险升高，避免会计师事务所收取过高的审计费用并出具非标准无保留审计意见。上市公司可以在不泄露公司机密的前提下，通过与审计师沟通、对外披露详尽的继任高管工作计划等方式来降低审计师对高管变更的感知风险，同时让审计师了解到公司已经对继任高管盈余操纵行为进行了积极治理，提高审计师对公司财务信息质量的评判，最终有效控制公司审计费用的增加程度，并减少被出具非标准无保留审计意见的可能性。非标准无保留审计意见会给企业带来不利影响，这是由于审计意见在资本市场中是具有信息含量的，非标准无保留审计意见会影响投资者、债权人等利益相关者对企业财务状况与未来发展的评判，不利于企业的稳定发展。因此，上市公司董事会在有效发挥其治理职能的同时要积极配合审计师工作，多与审计师沟通，降低审计师对公司的感知风险，减少高管变更给企业带来的在审计收费与审计意见等方面的不利影响。

二 审计师及会计师事务所层面

审计师团队是在事务所的分派与指导下工作的，会计师事务所应当加强对个人审计师的专业技能、职业操守的教育培训，让审计师在工作中能够时刻保持高度的风险防范意识，谨慎应对审计业务中发现的异常情况。对于重要客户或者审计风险高的审计对象，指派更有行业经验和职业能力的审计师去执行工作。面对被审计企业发生高管变更的情况，审计师要高度重视其盈余管理程度的加大与经营风险的升高对审计业务风险的影响，可以进行更多的应收账款函证、实地走访以及关联方关系调查等工作，采取更为严格的审计程序来有效应对。同时，会计师事务所应该注重各个审计项目的复核工作，在进行适当的审计程序得到充分的审计证据后，审计师在出具审计意见前，审计师之间应该相互检查、相互复核，从而为出具的审计意见提供进一步保障。在我国有关监管政策与法律不断完善的背景下，审计行业的风险有所加大，会计师事务所应当严格监管审计师与上市公司合谋情况的发生，一旦审计失败，事务所不仅会遭到监管机构的惩治与诉讼赔偿，自身的声誉也会受到极大的负面影响。并且,投资者因企业经营不善发生损失而起诉事务所的情况也越来越多,就算审计师按照《审计准则》实施了审计工作,出具了恰当的审计意见,也有可能产生法律诉讼。所以事务所应向审计师强调责任意识与职业怀疑精神,严格按照《审计准则》执行工作,以应对在审计业务中引发自身审计业务风险升高的情境,努力降低审计风险与诉讼风险。最终保质保量地完成审计工作,有效发挥在投资者与上市公司之间的信息监督作用。

三 投资者层面

投资者在进行投资决策时应当了解影响上市公司财务业绩、经营发展的相关信息,高质量的财务信息是其进行正确投资决策的重要参考依据。因而,投资者在进行投资决策时,要注意上市公司经营过程中是否发生了会给企业的财务信息质量乃至长远发展带来影响的重大事件。由于在公司经营发展中的重要作用,上市公司董事长与总经理发生变更等重要事件,会给企业在战略规划、经营决策、财务政策、公司业绩以及股价波动等多方面带来一定的影响。如果投资者不够重视上市公司高管人员发生变更这一对其投资效率产生影响的情境,那么很可能会导致投资失败甚至遭受损失。因而,基于本书的研究,投资者在进行投资决策时应当考虑上市公司高管变更这一风险情境。此外,对于投资者来说,由于与企业之间存在信息不对称,能获取的信息往往是不全面的,在关注到高管变更这一事件的同时,还应当注意上市公司审计收费的改变情况,以及财务报表的审计意见类型。如果发现高管变更的当年,审计收费提高了,并且审计师出具非标准无保留审计意见,这种情况可能意味着上市公司存在一定程度的盈余管理,给财务信息质量带来一定的损害。因此,投资者在进行投资决策时,应当考虑高管变更这类风险事件,同时根据审计师的收费与出具的审计意见类型等其他相关信息,做出恰当的投资决策。

四 监管机构层面

中国证监会等监管部门应当继续有效发挥其监管职能，为资本市场的健康发展提供有力保障。一方面对上市公司信息披露的合法合规性进行有效监督，另一方面对会计师事务所的审计工作质量进行有力监管。对于上市公司，由于过度的盈余管理是以牺牲公司长远利益为代价的，不仅危害自身的长远发展，还会影响资本市场的有效运行。因此，中国证监会应加强对上市公司的监督，并将发生高管变更的上市公司作为重点监管对象。中国证监会等部门要继续完善信息披露制度，提高资本市场信息透明度。同时，健全上市公司违法违规惩罚与投资者保护的相关法律法规，对上市公司高管发生的利润操纵等舞弊行为的惩治要落到实处，使其对投资者因高管财务造假遭受的损失予以赔偿，从而为资本市场创造安全的投资环境。对于会计师事务所，中国证监会与中国注册会计师协会等部门要完善《审计准则》等相关规章规定，增加对事务所的业务考核，严格评判其对上市公司财务报表的风险把控力度，严惩为争取客户而向上市公司妥协、影响审计质量的行为。有必要进一步规范上市公司与外部审计师的业务关系，加大对外部审计师的独立性与专业能力的监管与培训力度，确保审计师发挥其对上市公司信息质量监督的职能。总之，监管机构可以在两方面开展工作，一是在监管层面，继续完善审计师对发现的被审计客户财务违规行为的举报通道，创造良好的举报者保护机制；二是在惩治层面，加大对上市公司财务造假行为的惩治力度，提高对参与上市公司财务信息操纵的审计师的处罚程度，从而为资本市场的健康与持续发展提供坚强的政策保护。

第三节 研究局限和展望

本书对高管变更是否以及如何影响审计师风险应对（审计收费、审计投入及审计意见）展开了研究，在理论分析的基础上构建了高管变更影响审计师风险应对的实证模型。在尽可能做到科学严谨、结论稳健的同时，由于研究问题的复杂性及笔者研究水平的限制，本书仍存在一些局限，期望在未来的研究中得到进一步完善。

一 研究局限

（1）在实证模型构建方面，虽然本书在文献阅读与梳理的基础上，对解释变量、被解释变量及控制变量的度量与选取进行了充分的思考，但可能仍然无法保证所构建的模型包含所有影响审计师风险应对（审计收费、审计投入及审计意见）的变量。所以，模型构建中可能存在个别变量遗漏的问题，导致研究结论存在一定的偏差。

（2）在研究高管变更对审计投入的影响时，尽管本书根据已有文献对审计投入进行了较为合理的度量，但是这一度量方式主要反映了审计工作的时间，无法直观地反映出审计投入在除时间维度外其他方面的投入情况，如审计人员数量和审计人员能力等，因此，本书未能够全面地考察高管变更对审计师工作投入的全方面影响。

二 研究展望

（1）本书从高管变更这一视角对审计师的风险应对行为进行了研究，并从审计收费、审计投入与审计意见三个角度研究审计师的风险应对行为。但在审计师的相关领域内，除了其风险应对行为，还有一些内容值得在未来予以关注。例如，审计师的行业专长、审计师的独立性等，高管变更是否会影响审计师在其他方面的决策也

第七章 研究结论、政策建议及研究局限和展望

值得深入考察，这也将进一步丰富上市公司高管变更与审计师行为之间关系的研究。

（2）本书的研究只关注了上市公司高管变更对外部审计师风险应对行为的影响。然而，高管变更作为上市公司的重大事件，会给企业在战略规划、经营决策、财务政策等方面带来巨大的改变，并给企业会计信息质量带来一定的不利影响。因此，未来可以拓宽研究视角，探究高管变更对其他企业外部人群风险应对的影响。例如，研究高管变更对分析师行为的影响或者高管变更对投资者决策的影响，以进一步丰富高管变更经济后果的研究。

（3）本书主要考察了高管变更对审计师风险应对行为的影响，未来的研究可以对高管变更类型进行深入挖掘，如继续探讨高管变更为常规变更还是非常规变更、高管变更后性别等个人特征的改变等因素如何影响审计师的风险应对行为。

参考文献

白宪生、高月娥，2009，《关于上市公司财务指标对非标准审计意见影响的研究》，《工业技术经济》第6期。

蔡春、杨麟、陈晓媛、陈钰泓，2005，《上市公司审计意见类型影响因素的实证分析——基于沪深股市2003年A股年报资料的研究》，《财经科学》第1期。

蔡吉甫，2007，《公司治理、审计风险与审计费用关系研究》，《审计研究》第3期。

蔡利、毕铭悦、蔡春，2015，《真实盈余管理与审计师认知》，《会计研究》第11期。

蔡则祥、武学强，2016，《金融资源与实体经济优化配置研究》，《经济问题》第5期。

曹琼、卜华、杨玉凤、刘春艳，2013，《盈余管理、审计费用与审计意见》，《审计研究》第6期。

陈德萍、陈永圣，2011，《股权集中度、股权制衡度与公司绩效关系研究——2007~2009年中小企业板块的实证检验》，《会计研究》第1期。

陈健、席酉民、贾隽，2006，《并购后高管变更的绩效影响：基于中国上市公司的实证分析》，《南开管理评论》第1期。

陈杰平、苏锡嘉、吴溪，2005，《异常审计收费与不利审计结果的改善》，《中国会计与财务研究》第4期。

参考文献

陈淑芳、曹政，2012，《审计师变更与审计意见变通互动关系研究——基于中国证券市场数据的实证分析》，《统计与信息论坛》第 10 期。

陈宋生、曹圆圆，2018，《股权激励下的审计意见购买》，《审计研究》第 1 期。

陈小林、潘克勤，2007，《法律环境、政治关系与审计定价——来自中国证券市场的经验证据》，《财贸经济》第 1 期。

陈璇、刘卉，2006，《公司绩效对高层更换的影响分析——基于我国高新技术企业与传统企业的实践》，《西南民族大学学报》（人文社科版）第 3 期。

程璐、陈宋生，2016，《审计市场供需不平衡、事务所选聘与审计收费》，《会计研究》第 5 期。

储一昀、仓勇涛、杨勇，2017，《财务分析师跟进有利于标准审计意见形成吗？——来自中国证券市场的经验证据》，《云南财经大学学报》第 1 期。

戴文涛、刘秀梅、陈红、翟航，2017，《会计准则改革提高了审计收费吗？》，《会计研究》第 2 期。

邓小洋、李芹，2011，《基于盈余管理视角的独立董事有效性研究》，《财经理论与实践》第 1 期。

邓英雯、张敏，2019，《客户—证监局地理距离与审计投入》，《会计与经济研究》第 5 期。

杜胜利、翟艳玲，2005，《总经理年度报酬决定因素的实证分析——以我国上市公司为例》，《管理世界》第 8 期。

杜兴强、王丽华，2007，《高层管理当局薪酬与上市公司业绩的相关性实证研究》，《会计研究》第 1 期。

杜兴强、周泽将，2010，《高管变更、继任来源与盈余管理》，《当代经济科学》第 1 期。

段培阳,2002,《亏损上市公司审计意见研究》,《财会月刊》第9期。

范卓玮、解维敏,2017,《审计质量对资本市场定价效率的影响研究——基于股价同步性角度分析》,《价格理论与实践》第6期。

方红星、金玉娜,2011,《高质量内部控制能抑制盈余管理吗?——基于自愿性内部控制鉴证报告的经验研究》,《会计研究》第8期。

方军雄,2012,《高管超额薪酬与公司治理决策》,《管理世界》第11期。

冯延超、梁莱歆,2010,《上市公司法律风险、审计收费及非标准审计意见——来自中国上市公司的经验证据》,《审计研究》第3期。

盖地、盛常艳,2013,《内部控制缺陷及其修正对审计收费的影响——来自中国A股上市公司的数据》,《审计与经济研究》第3期。

高增亮、张俊瑞,2019,《国际金融危机、审计费用溢价与审计质量》,《财经理论与实践》第2期。

耿建新、杨鹤,2001,《我国上市公司变更会计师事务所情况的分析》,《会计研究》第4期。

龚启辉、刘桂良,2006,《审计合谋的治理:来自审计收费模型的风险博弈分析》,《审计研究》第4期。

龚玉池,2001,《公司绩效与高层更换》,《经济研究》第10期。

顾光、陈雨婷、周泽将,2019,《海外投资、审计定价与审计延迟》,《会计与经济研究》第6期。

关健、段澄梦,2017,《CEO变更与盈余管理——基于PSM和DID方法的分析》,《华东经济管理》第1期。

关健、王洋、蔡佳慧,2018,《总经理更替与企业绩效——基于PSM和DID方法的分析》,《财经理论与实践》第6期。

韩洪灵、陈汉文，2007，《中国上市公司初始审计的定价折扣考察——来自审计师变更的经验证据》，《会计研究》第9期。

韩厚军、周生春，2003，《中国证券市场会计师报酬研究——上市公司实证数据分析》，《管理世界》第2期。

韩洁、田高良、司毅，2015，《CEO变更对企业研发投入的影响研究》，《西安交通大学学报》（社会科学版）第2期。

韩晓梅、郭威，2011，《项目审计工时的影响因素研究综述》，《审计研究》第5期。

韩晓梅、周玮，2013，《客户业绩波动与审计风险防范：信息鉴证还是保险功能？》，《会计研究》第9期。

郝玉贵、陈丽君，2013，《法律风险、政治联系与风险导向审计定价——基于中国证券审计市场的经验证据》，《南京审计学院学报》第1期。

贺颖、轩春雷，2009，《上市公司审计意见及其影响因素实证分析》，《经济视角》（下）第7期。

胡春元，2001，《风险基础审计》，东北财经大学出版社。

黄天笑，2012，《会计师事务所特征对审计意见的影响研究》，《中国管理信息化》第20期。

姬美光、王克明，2008，《我国上市公司高管变更与业绩敏感性研究》，《嘉应学院学报》第1期。

贾明、张喆，2015，《双重金字塔结构、国有资产监督管理效率与国企绩效》，《管理评论》第1期。

江伟、李斌，2007，《预算软约束、企业财务风险与审计定价》，《南开经济研究》第4期。

雷光勇，2004，《审计合谋与财务报告舞弊：共生与治理》，《管理世界》第2期。

雷禹、王钰娜，2014，《经济转型与资本市场的关系——对日本和美国经济转型的经验总结》,《经济问题》第 3 期。

李东平、黄德华、王振林,2001,《"不清洁"审计意见、盈余管理与会计师事务所变更》,《会计研究》第 6 期。

李嘉明、杨帆,2016,《对外担保会影响审计费用与审计意见吗?》,《审计与经济研究》第 1 期。

李敏才、刘峰,2012,《社会资本、产权性质与上市资格——来自中小板 IPO 的实证证据》,《管理世界》第 11 期。

李明辉、王宇、张晗、李苗苗,2021,《审计师对上市公司商誉减值的风险应对》,《系统工程理论与实践》第 6 期。

李明辉、张娟、刘笑霞,2012,《会计师事务所合并与审计定价——基于 2003—2009 年十起合并案面板数据的研究》,《会计研究》第 5 期。

李明睿,2019,《公司债务违约风险对审计意见购买的影响研究》,硕士学位论文,北京交通大学。

李培功、沈艺峰,2010,《媒体的公司治理作用:中国的经验证据》,《经济研究》第 4 期。

李青原、赵艳秉,2014,《企业财务重述后审计意见购买的实证研究》,《审计研究》第 5 期。

李莎、林东杰、王彦超,2019,《公司战略变化与审计收费——基于年报文本相似度的经验证据》,《审计研究》第 6 期。

李维安、徐建,2014,《董事会独立性、总经理继任与战略变化幅度——独立董事有效性的实证研究》,《南开管理评论》第 1 期。

李小光、邱科科、周易辰,2018,《媒体关注度、审计投入与审计质量——来自中国传媒上市公司的经验证据》,《会计与经济研究》第 3 期。

李羽西,2018,《未决诉讼、审计时滞与审计定价》,《生产力研究》第 9 期。

李增福、曾晓清，2014，《高管离职、继任与企业的盈余操纵——基于应计项目操控和真实活动操控的研究》，《经济科学》第3期。

连燕玲、贺小刚、高皓，2014，《业绩期望差距与企业战略调整——基于中国上市公司的实证研究》，《管理世界》第11期。

梁淑香，2007，《大股东制衡机制对审计意见的影响——来自深市509家上市公司的经验数据》，《山东商业会计》第4期。

廖普明，2011，《CEO变更、董事特征与盈余管理的实证研究》，《统计与决策》第16期。

林丽萍、余佩斯，2017，《高管背景特征、盈余管理与审计意见》，《会计之友》第21期。

林毅夫、李志赟，2004，《政策性负担、道德风险与预算软约束》，《经济研究》第2期。

林永坚、王志强、李茂良，2013，《高管变更与盈余管理——基于应计项目操控与真实活动操控的实证研究》，《南开管理评论》第1期。

刘斌、叶建中、廖莹毅，2003，《我国上市公司审计收费影响因素的实证研究——深沪市2001年报的经验证据》，《审计研究》第1期。

刘继红，2009，《国有股权、盈余管理与审计意见》，《审计研究》第2期。

刘启亮、李蕙、赵超、廖义刚、陈汉文，2014，《媒体负面报道、诉讼风险与审计费用》，《会计研究》第6期。

刘启亮、李祎、张建平，2013a，《媒体负面报道、诉讼风险与审计契约稳定性——基于外部治理视角的研究》，《管理世界》第11期。

刘启亮、罗乐、张雅曼、陈汉文，2013b，《高管集权、内部控制与会计信息质量》，《南开管理评论》第1期。

刘霄仑、郝臣、褚玉萍，2012，《公司治理对上市公司审计意见类型影响的研究——基于2007-2011年中国民营上市公司的面板数据》，《审计研究》第5期。

刘笑霞、李明辉，2011，《会计师事务所规模与审计质量——基于审计意见视角的经验研究》，《商业经济与管理》第6期。

刘笑霞、李明辉、孙蕾，2017，《媒体负面报道、审计定价与审计延迟》，《会计研究》第4期。

刘鑫、薛有志，2015，《CEO继任、业绩偏离度和公司研发投入——基于战略变革方向的视角》，《南开管理评论》第3期。

刘亚莉、石蕾、赵阳，2011，《审计延迟、披露延迟与信息延迟：影响因素及差异性分析》，《中国管理信息化》第1期。

刘运国、麦剑青、魏哲妍，2006，《审计费用与盈余管理实证分析——来自中国证券市场的证据》，《审计研究》第2期。

柳青、朱明敏，2008，《减值计提、管理层变更与盈余管理——以四川长虹为案例所作的检验与度量》，《会计之友》（上旬刊）第10期。

卢锐、柳建华、许宁，2011，《内部控制、产权与高管薪酬业绩敏感性》，《会计研究》第10期。

鲁桂华、余为政、张晶，2007，《客户相对规模、非诉讼成本与审计意见决策》，《中国会计评论》第1期。

吕敏康、刘拯，2015，《媒体态度、投资者关注与审计意见》，《审计研究》第3期。

吕敏康、冉明东，2012，《媒体报道影响审计师专业判断吗？——基于盈余管理风险判断视角的实证分析》，《审计研究》第6期。

吕先锫、王伟，2007，《注册会计师非标准审计意见影响因素的实证研究——来自中国证券市场的行业经验证据》，《审计研究》第1期。

罗棪心、伍利娜，2018，《资本市场开放对公司审计的影响——基于"陆港通"背景的实证研究》，《审计研究》第5期。

马曙光、黄志忠、薛云奎，2005，《股权分置、资金侵占与上市公司现金股利政策》，《会计研究》第9期。

毛新述、王斌、林长泉、王楠，2013，《信息发布者与资本市场效率》，《经济研究》第10期。

孟建、赵元珂，2007，《媒介融合：作为一种媒介社会发展理论的阐释》，《新闻传播》第2期。

孟祥展、张俊瑞、白雪莲，2018，《外聘CEO职业经历、任期与公司经营战略变革的关系》，《管理评论》第8期。

倪慧萍、时现，2014，《审计风险转移功能与保险性质审计收费——审计保险假说的进一步检验》，《审计与经济研究》第2期。

皮莉莉、Julian Lowe、Christine O'Connor，2005，《中国上市公司业绩与总经理变更分析》，《甘肃社会科学》第3期。

齐鲁光，2016，《高管变更对投资现金流敏感性的影响研究》，《华东经济管理》第4期。

齐鲁光、韩传模，2015，《机构投资者持股、高管权力与现金分红研究》，《中央财经大学学报》第4期。

钱红光、陶雨萍，2013，《会计信息披露质量与资本市场配置效率的相关性研究》，《统计与决策》第23期。

潜力、葛燕妮，2021，《股权质押、盈余管理与审计师风险应对》，《金融发展研究》第2期。

权小锋、徐星美、蔡卫华，2018，《高管从军经历影响审计费用吗？——基于组织文化的新视角》，《审计研究》第2期。

邵剑兵、陈永恒，2018，《高管股权激励、盈余管理与审计定价——基于盈余管理异质性的视角》，《审计与经济研究》第1期。

沈华玉、张军、余应敏，2018，《高管学术经历、外部治理水平与审计费用》,《审计研究》第4期。

沈璐、陈祖英,2020,《运用衍生金融工具、审计定价与审计投入》,《投资研究》第11期。

沈维成,2019,《债务期限结构会影响审计师风险决策行为吗——基于审计投入、审计费用和审计意见视角的研究》,《山西财经大学学报》第1期。

沈小燕、温国山,2008,《会计师事务所规模、品牌声誉与审计收费溢价》,《南通大学学报》(社会科学版)第5期。

宋秀超、刘梅月、王宁斌,2010,《审计意见与财务指标关系的实证分析》,《科技信息》第11期。

粟立钟、张润达、鲁睿,2019,《股权激励与外部审计师风险应对》,《审计研究》第3期。

唐恋炯、王振易,2005,《中国证券市场审计意见的决定因素》,《河北科技师范学院学报》(社会科学版)第2期。

唐跃军,2007,《审计收费、审计委员会与意见购买——来自2004-2005年中国上市公司的证据》,《金融研究》第4期。

唐跃军,2008,《审计委员会治理与审计意见》,《金融研究》第1期。

田利辉,2005,《国有产权、预算软约束和中国上市公司杠杆治理》,《管理世界》第7期。

田晓霞、程秀生,2006,《民营上市公司治理有效性基于经营者更替视角》,《华东经济管理》第2期。

万宇洵、任志能,2004,《盈余管理与审计意见——来自中国A股市场的经验证据》,《财政监督》第11期。

王爱国、尚兆燕,2010,《法律惩戒、审计意见与审计变通行为——来自上市公司的数据》,《审计研究》第2期。

王爱群、张宁、蔚泓翔,2021,《高管变更对审计费用的影响研究——基于审计师风险感知视角》,《税务与经济》第6期。

王芳、沈彦杰,2018,《产品市场竞争如何影响了审计师风险应对》,《审计研究》第6期。

王进朝、张永仙,2019,《高管变更对创新投入的影响——基于内部控制的中介效应分析》,《南京审计大学学报》第6期。

王娟、潘秀丽,2018,《慈善捐赠对审计意见的影响——基于慈善捐赠利己动机视角的实证分析》,《审计研究》第3期。

王跃堂、赵子夜,2003,《股权结构影响审计意见吗?来自沪深股市的经验证据》,《中国会计与财务研究》第4期。

王震、彭敬芳,2007,《中国上市公司治理结构与审计意见的相关性研究》,《审计与经济研究》第6期。

王仲兵、张月、王攀娜,2021,《企业业绩补偿承诺与审计投入》,《审计研究》第1期。

魏娇,2017,《会计税收差异、市场化进程与审计费用》,硕士学位论文,山东大学。

温忠麟、张雷、侯杰泰、刘红云,2004,《中介效应检验程序及其应用》,《心理学报》第5期。

文雯、冯晓晴、宋衍蘅,2020,《公司债务违约与审计师风险应对》,《会计与经济研究》第4期。

吴联生、谭力,2005,《审计师变更决策与审计意见改善》,《审计研究》第2期。

吴一丁、易紫薇,2021,《股权集中度与非金融企业金融化:代理成本的角色》,《工业技术经济》第9期。

吴宇,2009,《金融危机下审计风险的应对》,《中国注册会计师》第2期。

伍利娜,2003,《盈余管理对审计费用影响分析——来自中国上市公司首次审计费用披露的证据》,《会计研究》第12期。

伍利娜、郑晓博、岳衡,2010,《审计赔偿责任与投资者利益保护——审计保险假说在新兴资本市场上的检验》,《管理世界》第 3 期。

夏立军、杨海斌,2002,《注册会计师对上市公司盈余管理的反应》,《审计研究》第 4 期。

谢珺、陈航行,2016,《产品市场势力、行业集中度与分析师预测活动——来自中国上市公司的经验证据》,《经济评论》第 5 期。

徐蔚、嵇大海,2009,《试论金融危机、企业经营风险与审计风险》,《财会学习》第 6 期。

徐玉霞、王冲,2012,《风险导向审计、内部控制与审计师行为——基于我国上市公司的实证检验》,《经济评论》第 5 期。

杨德明、胡婷,2010,《内部控制、盈余管理与审计意见》,《审计研究》第 5 期。

杨鹤、徐鹏,2004,《审计师更换对审计独立性影响的实证研究》,《审计研究》第 1 期。

杨婧、吴良海,2011,《非标准审计意见与自愿性审计师变更研究》,《现代管理科学》第 11 期。

叶陈刚、初春虹、段佳明,2020,《媒体关注度、审计师变更与审计质量》,《西安财经大学学报》第 6 期。

叶康涛、祝继高、陆正飞、张然,2011,《独立董事的独立性：基于董事会投票的证据》,《经济研究》第 1 期。

叶勇、李明、张瑛,2013,《媒体关注对代理成本的影响》,《软科学》第 2 期。

伊志宏、姜付秀、秦义虎,2010,《产品市场竞争、公司治理与信息披露质量》,《管理世界》第 1 期。

游家兴、徐盼盼、陈淑敏,2010,《政治关联、职位壕沟与高管变更——来自中国财务困境上市公司的经验证据》,《金融研究》第 4 期。

于雳、马施，2009，《审计师变更与审计意见购买研究》，《中国注册会计师》第 9 期。

喻彪、彭桃英，2012，《内部控制质量与审计报告时滞的关系研究》，《财会月刊》第 32 期。

曾军、董博、陈红，2020，《高管强制变更、分析师跟踪与企业创新投入》，《会计与经济研究》第 1 期。

翟胜宝、许浩然、刘耀淞、唐玮，2017，《控股股东股权质押与审计师风险应对》，《管理世界》第 10 期。

张国清，2010，《自愿性内部控制审计的经济后果：基于审计延迟的经验研究》，《经济管理》第 6 期。

张继勋、徐奕，2005，《上市公司审计收费影响因素研究——来自上市公司 2001—2003 年的经验证据》，《中国会计评论》第 1 期。

张娟、黄志忠，2014，《高管报酬、机会主义盈余管理和审计费用——基于盈余管理异质性的视角》，《南开管理评论》第 3 期。

张俊民、胡国强，2013，《高管审计背景与审计定价：基于角色视角》，《审计与经济研究》第 2 期。

张俊瑞、余思佳、程子健，2017，《大股东股权质押会影响审计师决策吗？——基于审计费用与审计意见的证据》，《审计研究》第 3 期。

张亮亮、黄国良、李强，2014，《高管变更与资本结构变动关系研究——基于管理防御的视角》，《软科学》第 3 期。

张敏、冯虹茜、张雯，2011，《机构持股、审计师选择与审计意见》，《审计研究》第 6 期。

张敏、吴联生、王亚平，2010，《国有股权、公司业绩与投资行为》，《金融研究》第 12 期。

张巧良、刘欣佳，2014，《高管变更与非效率投资的相关性研究——基于我国 A 股上市公司数据》，《南京审计学院学报》第 4 期。

张天舒、黄俊，2013，《金融危机下审计收费风险溢价的研究》，《会计研究》第5期。

张婷婷、李延喜、曾伟强，2018，《媒体关注度下上市公司盈余管理行为的差异研究——一种治理盈余管理的新途径》，《管理评论》第2期。

张旺峰、张兆国、杨清香，2011，《内部控制与审计定价研究——基于中国上市公司的经验证据》，《审计研究》第5期。

张先治、刘坤鹏、李庆华，2018，《战略偏离度，内部控制质量与财务报告可比性》，《审计与经济研究》第6期。

张兆国、曹丹婷、张弛，2018，《高管团队稳定性会影响企业技术创新绩效吗——基于薪酬激励和社会关系的调节作用研究》，《会计研究》第12期。

赵保国、王琨，2021，《高管变更对股价崩盘风险的影响》，《北京邮电大学学报》（社会科学版）第1期。

赵国宇，2011，《盈余管理、关联交易与审计师特征》，《审计与经济研究》第4期。

赵淑芳，2016，《高管变动对公司绩效的影响——对自然人控股创业板高新技术企业的思考》，《科学管理研究》第3期。

赵震宇、杨之曙、白重恩，2007，《影响中国上市公司高管层变更的因素分析与实证检验》，《金融研究》第8期。

周晖、左鑫，2013，《董事会监管下的高管变更对盈余管理的影响研究》，《财经理论与实践》第3期。

周兰、耀友福，2015，《媒体负面报道、审计师变更与审计质量》，《审计研究》第3期。

周晓丹、杨辉，2009，《上市公司主要高管变更类型对于公司业绩的影响》，《经济论坛》第21期。

朱红军，2002，《大股东变更与高级管理人员更换：经营业绩的作用》,《会计研究》第 9 期。

朱红军、林俞,2003,《高管人员更换的财富效应》,《经济科学》第 4 期。

朱杰,2021,《并购商誉减值与审计师风险应对》,《中央财经大学学报》第 6 期。

朱琪、彭璧玉、黄祖辉,2004,《大股东变更和高层更换:市场绩效的实证研究》,《华南师范大学学报》(社会科学版) 第 2 期。

朱小平、叶友,2003,《审计风险、商业风险、业务关系风险、经营失败与审计失败》,《审计研究》第 3 期。

朱星文、廖义刚、谢盛纹,2010,《高级管理人员变更、股权特征与盈余管理——来自中国上市公司的经验证据》,《南开管理评论》第 2 期。

Adams, J. C., Mansi, S. A., 2008, "CEO turnover and bondholder wealth", *Journal of Banking and Finance*, 33 (3): 522-533.

Akerlof, G. A., 1978, *The Market for "Lemons": Quality Uncertainty and the Market Mechanism*, Academic Press.

Alfraih, M. M., 2016, "Corporate governance mechanisms and audit delay in a joint audit regulation", *Journal of Financial Regulation and Compliance*, 24 (3): 292-316.

Anderson, R. C., Mansi, S. A., Reeb, D. M., 2004, "Board characteristics, accounting report integrity, and the cost of debt", *Journal of Accounting and Economics*, 37 (3): 315-342.

Arifuddin, K. H., Usman, A., 2017, "Company size, profitability, and auditor opinion influence to audit report lag on registered manufacturing company in Indonesia Stock Exchange", *International Journal of Applied Business and Economic Research*, 15 (19): 353-367.

Arrow, K. J., 2004, "Uncertainty and the welfare economics of medical care", World Health Organization. Bulletin of the World Health Organization, 82 (2): 141-149.

Ashton, R. H., Graul, P. R., Newton, J. D., 1989, "Audit delay and the timeliness of corporate reporting", Contemporary Accounting Research, 5 (2): 657-673.

Ashton, R. H., Willingham, J. J., Elliott, R. K., 1987, "An empirical analysis of audit delay", Journal of Accounting Research, 1: 275-292.

Bamber, E. M., Bamber, L. S., Schoderbek, M. P., 1993, "Audit structure and other determinants of audit report lag: An empirical analysis", Auditing, 12 (1): 1.

Barron, J. M., Chulkov, D. V., Waddell, G. R., 2011, "Top management team turnover, CEO succession type, and strategic change", Journal of Business Research, 64 (8): 904-910.

Barker, R. A., 1997, "How can we train leaders if we do not know what leadership is?", Human Relations, 50 (4): 343-362.

Beasley, M. S., 1996, "An empirical analysis of the relation between the board of director composition and financial statement fraud", Accounting Review, 1: 443-465.

Bell, T. B., Doogar, R., Solomon, I., 2008, "Audit labor usage and fees under business risk auditing", Journal of Accounting Research, 46 (4): 729-760.

Berle, A., Means, G., 1932, The Modern Corporation and Private Property, New York: Macmillan.

Bills, K. L., Lisic, L. L., Seidel, T. A., 2017, "Do CEO succession and succession planning affect stakeholders' perceptions of financial reporting risk? Evidence from audit fees", The Accounting

Review, 92 (4): 27-52.

Blokdijk, H., Drieenhuizen, F., Simunic, D. A., Stein, M. T., 2006, "An analysis of cross-sectional differences in big and non-big public accounting firms' audit programs", *Auditing: A Journal of Practice & Theory*, 25 (1): 27-48.

Bradshaw, M. T., Richardson, S. A., Sloan R. G., 2001, "Do analysts and auditors use information in accruals?", *Journal of Accounting Research*, 39 (1): 45-74.

Carcello, J. V., Hermanson, D. R., Neal, T. L., Riley Jr, R. A., 2002, "Board characteristics and audit fees", *Contemporary Accounting Research*, 19 (3): 365-384.

Carcello, J. V., Neal, T. L., 2000, "Audit committee composition and auditor reporting", *The accounting Review*, 75 (4): 453-467.

Carslaw, C. A. P. N., Kaplan, S. E., 1991, "An examination of audit delay: Further evidence from New Zealand", *Accounting and Business Research*, 22 (85): 21-32.

Chen, C. J. P., Chen, S., Su, X., 2001, "Profitability regulation, earnings management, and modified audit opinions: Evidence from China", *Auditing: A Journal of Practice & Theory*, 20 (2): 9-30.

Chen, K. C. W., Church, B. K., 1992, "Default on debt obligations and the issuance of going-concern opinions", *Auditing*, 11 (2): 30.

Choi, J. H., Kim, J. B., Liu, X., Simunic, D. A., 2008, "Audit pricing, legal liability regimes, and Big 4 premiums: Theory and cross-country evidence", *Contemporary Accounting Research*, 25 (1): 55-99.

Choi, J. H., Kim, J. B., Liu, X., Simunic, D. A., 2009, "Cross-listing audit fee premiums: Theory and evidence", *The Accounting*

Review, 84 (5): 1429-1463.

Chow, C. W., Kramer, L., Wallace, W. A., 1988, "The environment of auditing", *Research Opportunities in Auditing: The Second Decade*, American Accounting Association: 155.

Chow, C. W., Rice, S. J., 1982, "Qualified audit opinions and auditor switching", *Accounting Review*, 1: 326-335.

Craswell, A. T., Francis, J. R., Taylor, S. L., 1995, "Auditor brand name reputations and industry specializations", *Journal of Accounting and Economics*, 20 (3): 297-322.

Craswell, A. T., Francis, J. R., 1999, "Pricing initial audit engagements: A test of competing theories", *The Accounting Review*, 74 (2): 201-216.

Datta, S., Iskandar-Datta, M., Singh, V., 2013, "Product market power, industry structure, and corporate earnings management", *Journal of Banking and Finance*, 37 (8): 3273-3285.

Datta, D. K., Rajagopalan, N., Zhang, Y., 2003, "New CEO openness to change and strategic persistence: The moderating role of industry characteristics", *British Journal of Management*, 14 (2): 101-114.

Davidson, W. N., Jiraporn, P., Kim, Y. S., Nemec, C., 2004, "Earnings management following duality-creating successions: Ethnostatistics, impression management, and agency theory", *The Academy of Management Journal*, 47 (2): 267-275.

Dechow, P. M., Sloan, R. G., Sweeney, A. P., 1995, "Detecting earnings management", *Accounting Review*, 3: 193-225.

DeFond, M. L., Park, C. W., 1997, "Smoothing income in anticipation of future earnings", *Journal of Accounting and Economics*, 23

(2): 115-139.

DeFond, M. L., Lennox, C. S., 2011, "The effect of SOX on small auditor exits and audit quality", *Journal of Accounting and Economics*, 52 (1): 21-40.

DeFond, M. L., Subramanyam, K. R., 1998, "Auditor changes and discretionary accruals", *Journal of accounting and Economics*, 25 (1): 35-67.

Deis, Jr. D. R., Giroux, G., 1996, "The effect of auditor changes on audit fees, audit hours, and audit quality", *Journal of Accounting and Public policy*, 15 (1): 55-76.

Dontoh, A., Ronen, J., Sarath, B., 2013, "Financial statements insurance", *Abacus*, 49 (3): 269-307.

Du, C., Lin, T. T., 2011, "CEO turnover, equity-based compensation and firm's investmentdecisions", *Journal of Business & Economics Research*, 9 (8): 19-40.

Dyck, A., Volchkova, N., Zingales, L., 2008, "The corporate governance role of the media: Evidence from Russia", *The Journal of Finance*, 63 (3): 1093-1135.

Dyer, J. C., McHugh, A. J., 1975, "The timeliness of the Australian annual report", *Journal of Accounting Research*, 1: 204-219.

Elliott, J. A., Shaw, W. H., 1988, "Write-offs as accounting procedures to manage perceptions", *Journal of Accounting Research*, 26: 91-119.

Ettredge, M. L., Li, C., Sun, L., 2006, "The impact of SOX Section 404 internal control quality assessment on audit delay in the SOX era", *Auditing: A Journal of Practice & Theory*, 25 (2): 1-23.

Firth, M., 1978, "Qualified audit reports: Their impact on investment decisions", *Accounting Review*, 2: 642-650.

Francis, J. R., 1984, "The effect of audit firm size on audit prices: A study of the Australian market", *Journal of Accounting and Economics*, 6 (2): 133-151.

Gao, H., Harford, J., Li, K., 2012, "CEO pay cuts and forced turnover: Their causes and consequences", *Journal of Corporate Finance*, 18 (2): 291-310.

Geiger, M. A., Raghunandan, K., Riccardi, W., 2014, "The global financial crisis: US bankruptcies and going-concern audit opinions", *Accounting Horizons*, 28 (1): 59-75.

Geletkanycz, M. A., Hambrick, D. C., 1997, "The external ties of top executives: Implications for strategic choice and performance", *Administrative Science Quarterly*, 42 (4): 654-681.

Givoly, D., Palmon, D., 1982, "Timeliness of annual earnings announcements: Some empirical evidence", *Accounting Review*, 57 (3): 486-508.

Godfrey, J., Mather, P., Ramsay, A., 2003, "Earnings and impression management in financial reports: The case of CEO changes", *Abacus*, 39 (1): 95-123.

Gong, Q., Li, O. Z., Lin, Y., Wa, L., 2016, "On the benefits of audit market consolidation: Evidence from merged audit firms", *The Accounting Review*, 91 (2): 463-488.

Goodstein, J., Boeker, W., 1991, "Turbulence at the top: A new perspective on governance structure changes and strategic change", *Academy of Management Journal*, 34 (2): 306-330.

Griffin, P. A., Lont, D. H., Sun, Y., 2008, "Corporate governance and audit fees: Evidence of countervailing relations", *Journal of*

Contemporary Accounting & Economics, 4 (1): 18-49.

Grusky, O., 1960, "Administrative succession in formal organizations", *Social Forces*, 39 (2): 105-115.

Guay, W. R., Kothari, S. P., Watts, R. L., 1996, "A market-based evaluation of discretionary accrual model", *Journal of Accounting Research*, 34: 83-105.

Hackenbrack, K. E., Hogan, C. E., 2005, "Client retention and engagement-level pricing", *Auditing: A Journal of Practice & Theory*, 24 (1): 7-20.

Hackenbrack, K., Knechel, W. R., 1997, "Resource allocation decisions in audit engagements", *Contemporary Accounting Research*, 14 (3): 481-499.

Hambrick, D. C., Mason, P. A., 1984, "Upper echelons: The organization as a reflection of its top managers", *Academy of Management Review*, 9 (2): 193-206.

Harrison, J. S., Fiet, J. O., 1999, "New CEOs pursue their own self-interests by sacrificing stakeholder value", *Journal of Business Ethics*, 19 (3): 301-308.

Hay, D. C., Knechel, W. R., Wong, N., 2006, "Audit fees: A meta-analysis of the effect of supply and demand attributes", *Contemporary Accounting Research*, 23 (1): 141-191.

Healy, P. M., Wahlen, J. M., 1999, "A review of the earnings management literature and its implications for standard setting", *Accounting Horizons*, 13 (4): 365-383.

Hogan, C. E., Wilkins, M. S., 2008, "Evidence on the audit risk model: Do auditors increase audit fees in the presence of internal control deficiencies?", *Contemporary Accounting Research*, 25 (1): 219-242.

Hornstein, A. S., 2013, "Corporate capital budgeting and CEO turnover", *Journal of Corporate Finance*, 20: 41-58.

Hutzschenreuter, T., Kleindienst, I., Greger, C., 2012, "How new leaders affect strategic change following a succession event: A critical review of the literature", *The Leadership Quarterly*, 23 (5): 729-755.

Jensen, M. C., Meckling, W. H., 1976, "Theory of the firm: Managerial behavior, agency costs and ownership structure", *Journal of Financial Economics*, 3 (4): 305-360.

Keck, S. L., Tushman, M. L., 1993, "Environmental and organizational context and executive team structure", *Academy of Management Journal*, 36 (6): 1314-1344.

Knapp, M. C., 1985, "Audit conflict: An empirical study of the perceived ability of auditors to resist management pressure", *Accounting Review*, 60 (2): 202-211.

Knechel, W. R., Payne, J. L., 2001, "Additional evidence on audit report lag", *Auditing: A Journal of Practice & Theory*, 20 (1): 137-146.

Krishnan, J., Stephens, R. G., 1996, "The simultaneous relation between auditor switching and audit opinion: An empirical analysis", *Accounting and Business Research*, 26 (3): 224-236.

Lausten, M., 2002, "CEO turnover, firm performance and corporate governance: Empirical evidence on danish firms", *International Journal of Industrial Organization*, 20 (3): 391-414.

Lee, H. Y., Mande, V., Son, M., 2009, "Do lengthy auditor tenure and the provision of non-audit services by the external auditor reduce audit report lags?", *International Journal of Auditing*, 13 (2): 87-104.

Lennox, C., 2000, "Do companies successfully engage in opinion-shopping? Evidence from the UK", *Journal of Accounting and Economics*, 29 (3): 321-337.

Li, J., Tang, Y. I., 2010, "CEO hubris and firm risk taking in China: The moderating role of managerial discretion", *Academy of Management Journal*, 53 (1): 45-68.

Liu, Y., Valenti, M. A., Yu, H., 2012, "Presuccession performance, CEO succession, top management team, and change in a firm's internationalization: The moderating effect of CEO chairperson dissimilarity", *Canadian Journal of Administrative Sciences*, 29: 67-78.

Lyon, D. W., Lumpkin, G. T., Dess, G. G., 2000, "Enhancing entrepreneurial orientation research: Operationalizing and measuring a key strategic decision making process", *Journal of Management*, 26 (5): 1055-1085.

Mao, M. Q., Yu, Y., 2015, "Analysts' cash flow forecasts, audit effort, and audit opinions on internal control", *Journal of Business Finance & Accounting*, 42 (5-6): 635-664.

Mednick, R., Previts, G. J., 1987, "The scope of CPA services: A view of the future from the perspective of a century of progress", *Journal of Accountancy*, 163 (5): 220-233.

Menon, K., Williams, D. D., 1994, "The insurance hypothesis and market prices", *Accounting Review*, 69 (2): 327-342.

Miller, D., 1993, "Some organizational consequences of CEO succession", *Academy of Management Journal*, 36 (3): 644-659.

Murphy, K. J., Zimmerman, J. L., 1993, "Financial performance surrounding CEO turnover", *Journal of Accounting and Economics*, 16 (1): 273-315.

Ndofor, H. A., Priem, R. L., Rathburn, J. A., Dhir, A. K., 2009, "What does the new boss think?: How new leaders' cognitive communities and recent 'top-job' success affect organizational change and performance", *The Leadership Quarterly*, 20 (5): 799-813.

Nogler, G. E., 1995, "The resolution of auditor going concern opinions", *Auditing*, 14 (2): 54.

Ocasio, W., 1994, "Political dynamics and the circulation of power: CEO succession in US industrial corporations, 1960-1990", *Administrative Science Quarterly*, 1: 285-312.

O'Connor, Jr. J. P., Priem, R. L., Coombs, J. E., Gilley, K. M., 2006, "Do CEO stock options prevent or promote fraudulent financial reporting?", *Academy of Management Journal*, 49 (3): 483-500.

O'Keefe, T. B., Simunic, D. A., Stein, M. T., 1994, "The production of audit services: Evidence from a major public accounting firm", *Journal of Accounting Research*, 32 (2): 241-261.

Palmrose, Z. V., 1988, "1987 competitive manuscript co-winner: An analysis of auditor litigation and audit service quality", *Accounting Review*, 63 (1): 55-73.

Pan, Y., Wang, T. Y., Weisbach, M. S., 2018, "How management risk affects corporate debt", *The Review of Financial Studies*, 31 (9): 3491-3531.

Pourciau, S., 1993, "Earnings management and nonroutine executive changes", *Journal of Accounting and Economics*, 16 (1-3): 317-336.

Raghunandan, K., Rama, D. V., 2006, "SOX Section 404 material weakness disclosures and audit fees", *Auditing: A Journal of Practice & Theory*, 25 (1): 99-114.

Redmayne, N. B., Bradbury, M. E., Cahan, S. F., 2010, "The effect of political visibility on audit effort and audit pricing", *Accounting & Finance*, 50 (4): 921-939.

Schipper, K., 1989, "Earnings management", *Accounting Horizons*, 3 (4): 91-102.

Seetharaman, A., Gul, F. A., Lynn, S. G., 2002, "Litigation risk and audit fees: Evidence from UK firms cross-listed on US markets", *Journal of Accounting and Economics*, 33 (1): 91-115.

Shimizu, K., Hitt, M. A., 2005, "What constrains or facilitates divestitures of formerly acquired firms? The effects of organizational inertia", *Journal of Management*, 31 (1): 50-72.

Simon, D. T., Francis, J. R., 1988, "The effects of auditor change on audit fees: Tests of price cutting and price recovery", *Accounting Review*, 63 (2): 255-269.

Simon, H. A., 1957, *Administrative Behavior*, The Free Press.

Simunic, D. A., 1980, "The pricing of audit services: Theory and evidence", *Journal of Accounting Research*, 18 (1): 161-190.

Smith, A., 1776, *The Wealth of Nations*, The Modern Library.

Spence, M., Zeckhauser, R., 1978, *Insurance, Information, and Individual Action, Uncertainty in Economics*, Academic Press.

Stigler, G. J., 1961, "The economics of information", *Journal of Political Economy*, 69 (3): 213-225.

Strong, J. S., Meyer, J. R., 1987, "Asset write-downs: Managerial incentives and security returns", *The Journal of Finance*, 42 (3): 643-661.

Taylor, M. E., Baker, R. L., 1981, "An analysis of the external audit fee", *Accounting and Business Research*, 12 (45): 55-60.

Teoh, S. H., Wong, T. J., 1993, "Perceived auditor quality and the earnings response coefficient", *Accounting Review*, 68 (4): 346-366.

Tsui, J., Jaggi, B., Gul, F., 2001, "CEO domination, discretionary accruals and audit fees", *Journal of Accounting, Auditing and Finance*, 16 (2): 189-207.

Tuggle, C. S., Sirmon, D. G., Reutzel, C. R., Bierman, L., 2010, "Commanding board of director attention: Investigating how organizational performance and CEO duality affect board members' attention to monitoring", *Strategic Management Journal*, 31 (9): 946-968.

Wallace, W., 1982, "The economic role of the audit in free and regulated markets: A Review", *The Accounting Review*, 57 (2): 462.

Weisbach, M. S., 1995, "CEO turnover and the firm's investment decisions", *Journal of Financial Economics*, 37 (2): 159-188.

Wells, P., 2002, "Earnings management surrounding CEO changes", *Accounting & Finance*, 42 (2): 169-193.

Westphal, D. G., Fredrickson, J. W., 2001, "Who directs strategic change? Director experience, the selection of new CEOs, and change in corporate strategy", *Strategic Management Journal*, 22 (12): 1113-1137.

Wiersema, M. F., 1995, "Executive succession as an antecedent to corporate restructuring", *Human Resource Management*, 34 (1): 185-202.

图书在版编目(CIP)数据

高管变更与审计师风险应对：以上市公司为例 / 张宁著. -- 北京：社会科学文献出版社，2024.10.
ISBN 978-7-5228-4206-6

Ⅰ.F239.65

中国国家版本馆 CIP 数据核字第 202448HN86 号

高管变更与审计师风险应对：以上市公司为例

著　　者 / 张　宁

出 版 人 / 冀祥德
责任编辑 / 高　雁
文稿编辑 / 王红平
责任印制 / 王京美

出　　版 / 社会科学文献出版社·经济与管理分社（010）59367226
　　　　　　地址：北京市北三环中路甲29号院华龙大厦　邮编：100029
　　　　　　网址：www.ssap.com.cn
发　　行 / 社会科学文献出版社（010）59367028
印　　装 / 三河市尚艺印装有限公司

规　　格 / 开本：787mm×1092mm　1/16
　　　　　　印　张：13.25　字　数：171千字
版　　次 / 2024年10月第1版　2024年10月第1次印刷
书　　号 / ISBN 978-7-5228-4206-6
定　　价 / 128.00元

读者服务电话：4008918866

版权所有 翻印必究